JN440388

몬스터 싸롱

몬스터 싸롱

지은이 김병심
펴낸이 박경훈
펴낸곳 도서출판 각

초판 인쇄 2015년 12월 11일
초판 발행 2015년 12월 17일

도서출판 각
주소 (690-809) 제주특별자치도 제주시 삼도2동 108-16 2층
전화 064 · 725 · 4410
팩스 064 · 759 · 4410
등록번호 제80호
등록일 1999년 2월 3일

ISBN 978-89-6208-135-0 03810

값 8 ,000원

김병심

몬스터 싸롱

김병심
몬스터 싸롱

I

II

III

IV

V

I

강시

나의 커피숍 아르바이트비를 모텔 숙박료로 빨아먹던 그는 엄청난 재력가의 아들이었다. 게다가 이십대 초반의 나의 시간과 나의 젊음을 가두고 혼자만 봤으니 엄청난 괴력가였다. 술잔에 주술을 걸어 놓아 낚싯줄에 걸린 눈먼 고기처럼 빨려들어갔지만 그가 부리는 도시송시술 같은 침대는 보통의 차가운 석녀라도 이길 수 없었다. 모텔에서 술만 깨고 가자는 경經의 1막을 교과서에서는 배우지 못한 탓에 대낮에도 술잔의 주술은 시체처럼 나를 잠재웠다. 아르바이트비를 청산하며 하늘을 나는 비강술을 배우자 그를 대낮에 태워버렸다. 그가 다른 여자들과 노닥거리다 시들 즈음에 붉은 립스틱과 쇳가루로 철심을 박은 구두를 신고 침대 위에서 비강술을 실험한 결과였다. 그날 이후로 그는 진실로 강림한 산 죽은 자이지만 나는 안 죽은 자가 되어 엄청난 재력가가 되었다. 기억에서 죽여 버린 그가 침대마다 살아나면 나는 남자들의 사랑대신 피를 마실 수 있는 내공이 쌓였다. 쿨하고 야하게 남자 버리기의 방부제로 썩지 않는 내 시체를 찾아 태워줄 남자를 아직 발견하지 못했으므로 술잔 속의 주술은 천년 전처럼 유효하다.

처음 부는 바람의 부족

얼마나 아름다운 세상인가, 처음 부는 바람이 순결을 잃은 순간 흉凶이 박혔다

두개골의 술잔을 든 천제의 손끝이 가리키는 분노한 그늘에서 어두워졌다, 빛진 누이와 한 호흡

붉은 영웅은 만리장성과 실크로드를 위한 아버지를 죽인 흉노
따지고 보면 우리는
고해를 마친 투명한 비애로 불구가 되었다
탕진한 가계도를 뛰쳐나간 후손들의 배후라는 말
그렇지 부족의 처음은 잔인하지만 깨끗한 차가움의 반역에서 불어온다는 것
나는 냄새나는 고혈압의 땅에서 버틴 거다

비껴간 사랑은 치열한 편벽의 바람
부유하는 최초의 제국에서 누이의 폐를 지닌 나는 네 개의 팔로 아이를 기른다

불사의 풀빛은 아직 초원에서 유효하다, 말이 살찌는 계절

우주의 문장이 우르르 심장을 달아줄 테니
얼마나 아름다울 것이냐
순결을 잃은 순간부터 오랑캐라는 말
너를 품어 옹이진 말

바람 부족과의 여행

- Nobady에게

칠성에게 걸린 원령을 구하는 굿, 소지를 사르는 길

이 나라 사람들은 가슴에 긴 장대를 꽂고 뱀 한 마리를 모시고 산다
반쪽이 된 당신도 한 몸이라 부른다는데
그건 가슴이 아니라 바람이 드나드는 구멍,
어쩌면 고독하기 위해 불사의 풀을 먹고 읊조린 경전처럼
백지를 읽는 수심방의 입술이 헹궈낸 연극대사일 테지

그래 허맹이*를 하옥시킨 다음 돌래지**에서 당신을 구하고 말겠어
이역의 여관방에서 비릿한 심장에 둘러앉아
자백 받는 일이란
달빛에 손을 말리며 추는 거욱대의 허깨비춤일지 몰라

밤사이 뱀을 죽인 허맹이와 당신을 교환했다면
고향을 떠나온 거리만큼
귀인의 가슴을 꿰매는 것처럼 가뿐하다

곤장을 맞고 귀양가는 허맹이를 얘기하겠지
큰칼 씌우고 하옥시킨 그때부터 배워야 하는 상스런 욕까지
이 싸움을 멈추게 하려면
아침이 와도 떠나지 않는 박쥐와
무덤 위에 머문 늑대처럼
허맹이 하나로 윤색한 원령의 바람을 돌려막는 시간

여행이란 팔 하나 얻고 가슴에 구멍을 뚫는 일인가
물 위에 떠오른 머리카락이 스르르 발음하다 사라진
이름 하나, 반투명의 모습으로 꺼낸 편지지를
검은 주머니에 숨겨 놓는 밤
등을 밀며 설득하던 달빛 아래서
당신을 오래도록 오해하며 몸이 마르고 있다

* 짚으로 만든 허수아비
** 저승길

무사귀환이라고 쓴다

시는 거멀못처럼
보이지 않는 목소리와 문자를 낳고
시는 당신과 나의 이름을 기르고

출현한 이름 너머 마음을 만지는 일을 창조라 하자. 그것은 하느님도 인정하실 생기 넘치는 우리의 조합, 부적을 찢고 죽은 진흙인형들이 신의 계보를 잇는 만들기라 하자. 하느님의 좌보좌 '낙원'과 우보좌 '지옥'을 평등하게 조각하느라 알파벳 스물두 자가 바쁘게 자리를 바꿨지만 숨을 불어넣는 명명과 외연은 그대로 실었다고 하자.

변사체의 시가 이름 하나 얻을 때
기뻐하는 당신
우는 나
낙담한 우리
초조한 이름들 속으로 잊혀져갈 이름 하나

하느님 땅에서 태어난 짐승과 새와 뱀을 일컬어 '이름 하나 얻은 시'라 기록하고 나니, 내 이름이 사라졌다

아무 것도 아닌 당신도 놓친 날,
나는 시를 낳고
당신 너머 마음을 만지는 이름마저
보시기에 참 좋은 후손들의 언어로
겹쳐서 쓴다
상징은 외눈박이가 보시기에 참 좋은 세상이라고

외눈박이가 시를 낳는 한밤
너머, 나를 바라보는 자
눈 안에 넣어도 보이지 않는 자,
당신과 쓰이던 밤, 하느님이 보시기에 참 좋은 세상이라고

좀비

내가 당신의 다리 밑에서 주워왔다는 청혼이 겨드랑이를 찢고 태어났다는 가능보다 끔찍해요. 죽지 않는 저 흑마술의 암컷보다 너무 빨리 실직한 당신이 믿는 키보드가 지옥이라고 말하려다 무시하지요. 백마술의 내가 출근으로 우왕좌왕하는 지금이 자빠져 자는 당신을 가장이라고 부르던 과거보다 나빠졌다고 말하려다 무시하지요. 참혹이란 글자가 오후의 풍경이라는 자막을 훔쳐본 궁합이 로맨스 영화로 비추던 맞선자리가 악몽처럼 번져가요. 밤새 모니터가 복어처럼 당신의 의지에 독을 뿜으면 한낮의 누워 자는 벌레로 의복이 누렇게 말라가요. 저 검은 화면에 빙의된 당신이 지쳐죽을 때까지, 살아도 죽이지 못하는 당신. 죽은 다음에도 나의 아이들과 함께할 가장이므로 어떤 가관도 어떤 고집도 아메바 같은 당신을 꼴사납게 존속하게 할 거예요. 차라리 감염된 무뇌충이 자고 있는 저 검은 수컷의 방문을 그대로 닫고 나올 걸 그랬어요.

유령

알몸으로 음악을 듣는 방이에요 네잎 클로버를 띄운 유리잔 속에 하얀 잔털이 소름 돋아요 천천히 잠드는 당신과 아무 일 없죠 당신의 물그림을 수집하는 일은 포기해서 잠만 자요 안고 자기만 해도 얼굴은 연분홍 복숭아처럼 예뻐져 가요 대신 나의 입안으로 터지는 당신의 물그림을 상상하는 일은 포기할 수 없어 잠드는 당신을 안고 있죠 밤이면 또렷해지는 당신의 파란 그것, 가끔 새벽에도 쳐다보는 파란 그것 당신을 구체적으로 부를 수 없어 수챗구멍에 버린 그것은 서른 장도 넘는 그림이에요 일기장조차 물비린내로 하얀 잔털이 돋아요 그것은 당신이 나에게 한 번도 해주지 않은 고백, 수음보다 못한 나의 알몸으로 음악을 듣던 방이에요 네잎 클로버 같은 당신은 혼잣말 중이겠죠 안고 자기만 해도 좋았던 당신과 돌아갈 수 없는 보랏빛 여관의 낙서장, 파란 그것의 당신은 알몸으로 이야기하죠 빨간 구두야, 제발 만져줘

슈퍼맨

구영탄이 실은 네가 아니었니, 허름숭이처럼 탕탕기를 타고 와 어두운 내 마음속에서 삽질하던 그 밤의 달이 사실은 네가 아니었니, 뭐든 칠칠맞지 않게 잃어버리는 너의 가슴에 박은 이니셜, 내 등 뒤에 바짝 붙어다니려고 새긴 거 아니었니, 간밤에 천둥이 치고 돌과 흙이 진탕 쌈박질하던 텃밭에 호미질 해둔 거, 채소를 진정시켜준 바람은 다친 등뼈를 꼿꼿이 세운 대나무의 네가 아니었니, 늡늡한 마음으로 터 닦기하느라 글목수 앞에 어슬렁 거렸을지 모를 일, 달과 바람은 떨어진 온도를 높여주려고 내게로 너를 데려 왔을지 모를 일, 스스로 칼을 차고 구메밥 먹는 내게 좁은 동네 밖으로 나가 놀자고 한쪽 팔 쓰윽, 감고 날아올라준 네가 실은, 불끈불끈 솟아난 그것이 실은, 말더듬이로 돋아난 곁이거나 등 뒤에서 붉어지며 어리버리 서 있는 네가 혹시,

오드라덱

이름을 물으면 "누구세요?" 라고 대답하고, 어디 사느냐고 물으면 "당신 마음 속 사거리" 라고 대답하는 그녀를 어떻게 할까요. 죽일 수는 있는 건가요. 이층과 삼층 사이 계단에 앉아 남편을 바꿔달라는 그녀를 좀 죽게 해주세요.

밤과 새벽을 번갈아가며 머무는 통화음이 계단을 지키고 있네. 아, 집 주위를 배회하는 목소리. 내 아이들과 내 몸을 질질 끌어당기며 내가 죽은 후에도 따라 붙을 목소리. 내가 이 남자의 마음 속 사거리 "주인이라고!" 하지만 이건 내게만 해당되는 목소리. 어떻게 할까요? 죽을 수는 있을까요. 이층과 삼층 사이를 지날 때마다 발을 감았다 밟히다가 사라진 그녀는 없지만, 여전히 나를 잡아끄는 목소리, 지워지지도 않아, 그녀와 나 사이의 이름을 물으면, 당신?

사후강직을 위한 접촉의 기록

현기증은 너의 것, 손가락을 위한 연주를 하는 너를 골똘히 느끼며 독주를 끊을 수 없던 태어나고 자라는 너와 누항의 불가능한 거리, 청중의 밤.

돌기들은 침묵한 채 눈을 감고 현기증을 드나드네, 곤란한 음악을 단 한 사람이 듣는 밤, 침대 위의 수증기는 뜨거움에 대한 몸의 고함.

청중은 귀빈처럼 손을 어디다 두어야 할까, 난감하던 날들이 혁명을 동력이라고 장례의 절차를 묻네, 당신과의 접촉.

엄지로 다른 지방의 언어를 소집하여 곧추선 가락은 미친 개 짖는 소리로 할딱이네, 가락은 리듬을 타고 자다가, 깨다가, 젊어지고, 버리는 노래를 부르네, 아픈 야만인의 흔적.

저승 문턱까지 가버린, 격렬하게, 부러질 듯 쳐대는 피아노 독주, 너와 내가 기억하는 밤.

지네의 발끝으로 지느러미를 애무하던 절대수의 너와 나, 이름을 가린 대명사의 밤.

말세 이후 금세 멀리 떠나올 줄 몰랐네, 허밍만 트랙에 남은 별.

코끼리오징어

몸이 뇌에 비해 거물인 그는 부하였다. 조직원은 그의 지갑만 노렸다. 그가 쓰는 말투는 투박한 밀어 같은데, 야한 농담 시리즈로만 사용했다. 조직원들은 그가 쓰는 보고서가 말랑말랑하다느니, 유치하다느니 웃었지만, 그가 곧장 회식 자리에서 이차를 쏘거나, 쏘아붙인 조직원과 마시는 소주와 노래방까지 시리즈로 터는 지갑 앞에서는 조직원의 유치한 애교가 넘쳐났다.

그의 야한 입담과 먼저 내는 술값에는 많은 인맥이 구축됐다. 그의 인맥을 빌려 써도 조직원은 미안하지도 않아, 그의 마당발 안에서 교류의 장을 펼치고 바다의 바닥을 다 드러내려는 듯 오리발을 내밀기도 했다.

그의 적들 또한 성능 좋은 원숭이 눈으로 야한 농담과 지갑은 무관심에 놓아두고 승진에 힘썼다. 언제나 그랬듯이 조직은 정리 해고의 위기에서 생존자를 남겨놓았다. 그는 유연한 혀를 쓰는 대신 뇌를 쓰지 않았을 뿐인데 최후의 거물이 되었다.

눈사람

눈이 많이 내리는 밤에는
손발이 묶여 몰래 당신을 만나러 갈 수도 없는데
늑대 한 마리, 당신으로 길들이며 사람이 먹는 음식과 노래를 들려주곤 하였는데
중산간 오름 사이의 당신 굴속에서 모닥불을 지피며
삼겹살에 소주를 마시기도 하고
바닷가의 모래밭에서 캔 고구마와 생선을 구해 와 포일에 싸고 구워 먹으면서
애너벨리와 인어 공주이야기를 들려주기도 하였는데
송곳니와 발톱이 먼저 으르렁대던 당신 집 안으로
부엌을 끌고 가 숟가락과 젓가락 잡는 법을 가르치며 머리를 쓰다듬기도 하였는데
이 눈은 당신이 사는 동굴 밖에도 내릴 터인데
푹푹 쌓여 길이 사라지고 굴의 안과 밖에도 눈 내리는 밤일 거라 생각하니
뜨끈한 아랫목에 동그랗게 포개져 누울 수가 없어서
창밖에 귀를 대보기도 하고
컵라면과 햇반과 구운 김들을 종이 상자에 넣어놓고
눈썰매를 탄 택배직원을 불러볼까 전화번호부를 뒤적이기도

하는데
혹시
다시 굶주린 늑대가 되어 어린 토끼를 쫓거나 사슴 발자국 따라
한라산 속으로 들어가버리지는 않을까
하여 나를 잊고, 모닥불을 꺼뜨리지 않을까
그리하여 부엌을 잊고 바닷가 마을로 내려가 함께 살자던 약속도 잊은 채
으르렁 몰려다니는 늑대소굴에 들어가 사람을 해치는 발톱을 기르지 않을까 생각하니
가슴이 불에 데인 듯 벌건 눈으로 벌컥 눈 한 줌 삼켜보는 것인데
사람 손이 타서 외로움 병에라도 걸린 것은 아닌지
이렇게 사나흘 눈만 내리는 밤에는
볼거리 걸린 듯 퉁퉁 부은 얼굴을 하고서 앓고 있는 건 아닌지
후각도 청각도 다 무뎌져 산짐승의 손가락질 받으면 어쩌나
뽀드득뽀드득 서리를 닦으며 눈가를 닦아보는 밤
끙끙거리는 밤도 덩달아 벌컥 눈물을 마셨는지 고드름을 달아보는 것인데

새하얀 새벽 대문 밖에는 밤새 구르고 굴러 내렸는지

손발이 다 닳아 없어진 늑대 한 마리가 꼬리 치며 서 있는 것이다

외계인

가장 최근에 발견한 그는 그리움의 재생능력까지 갖추었다. 즉 몰래한 사랑을 영화와 음원에 압축해 저장해두었다가 내가 우울한 방전기에 놓여있을 때 사랑의 동력으로 꺼내는 것이다. 이렇게 열망과 목마름을 섭취와 소비로 분리해 놓은 그가 나를 상사병으로 한걸음 가깝게 만들었다. 하지만 그는 배우의 대사와 음원의 노랫말 도움 없이는 나타나지도 않아 영영과 영원을 갖추고 있다. 무수한 사랑이 창궐하는 나의 시간과 공간성을 극복해야 하는 무쇠기둥의 주파수

그는 자꾸 되살아나면서 수억 년 전, 수억 광선을 청소해온 별의 생명체들의 자립능력을 획득한 것이라고 단언한다. 그는 또 얼마나 수명을 다하여 내가 창조해낸 이별의 연애서를 펼치고 사채로 뒤덮일 이들의 심장을 쏘아댈 것인가,

별들의 시대부터 그와 내가 있었다고 가정해보자, 그의 생명력이 지닌 치명적인 매력은 은닉과 비밀로 무장하여 내 혼을 쏙 빼먹고도 완결 없이 사라진 미확인 생명체이므로, 끈질기게 진화하는 의혹의 내통으로 나를 파괴하고 있음이 아닐까

나를 조종하는 그는 송신 기능 없이 오로지 수신만 하는 무시무시한 특정 주파수, 나를 영화와 음원으로 퍼뜨려 재생하는, 내가 살아있다는 게 믿기지 않는 심장어택의 명사수

투명인간

보이지 않는 당신, 나와 함께 산책하고
나와 함께 잠을 자도, 보이지 않는 당신

혼잣말을 다 들어주는 당신
돌아오겠다는 문자도, 잘못 누른 신호음도 없는 당신
다른 사람은 당신이 될 수 없지
아무나 될 수 없지

허공에 잔뜩 불러놓은 당신
스냅사진에 정지한 당신
사랑고백의 정지한 세계로 가버린 당신
보이지 않는 젊음으로
말하지 않는 약속으로
어디에나 생겨나는 당신

돌아오지 않아 더욱 가까운 당신

우렁각시

새가 지저귀면 당신이 온 거죠. 쳐진 커튼 밖에서 날아온 당신이 알람처럼 있죠. 당신은 아직 새벽 5시네요. 한 시간을 먼저 날아와 밥을 짓는 손 두드림으로 나를 깨우네요. 나는 기지개를 켜는 귀만으로 입꼬리를 들어 올리죠. 잠의 무게를 덜어내는 코 속으로 당신이 번져가요. 쌀알이 뜸 들여지는 동안 탁탁탁 계란 치는 소리가 꿈을 말끔히 털어내죠. 당신은 다시 커튼 밖으로 떠날테지만 가스에 올려진 냄비에선 보글보글 찌개와 계란찜이 당신인 듯 내게 맑음의 하루를 선물하지요. 당신은 다시 당신 속으로 빠져들고, 당신의 나는 새가 되어 온종일 지저귈 차례에요. 새가 비타민처럼 지저귀는 아침이에요. 당신은 내 감각의 스위치를 상큼으로 맞춰놓죠, 오늘도 밥 먹고 힘내요.

아이언 맨

'아이는 없고 어른만 있다' 라고 해석하고 싶은 일중독의 남편을,
보디가드 또한 아이가 아닌 어른이었음 한다는 내재적 소망을 덧붙인 남편을,
애인 지나 남편 지나 친구 단계에 사는 마흔 구역의 남편을,
영웅들 중에 가장 돈을 많이 벌어다 준다고 순위를 정해놓은 남편을,
적어도 보디가드는 철든 남자라고 손꼽아 생각한 모눈종이의 사각형 안,
한때 단칸방 크기만 했던 저 모눈종이 안,
넓은 가슴만으로 든든했던 모눈종이 안,
아이만 어른이 되어간다

'왜 맨날 일만 하러 가?'
시간을 삼등분으로 쪼개어 십 년 넘게 사각형 윤곽의 갑옷만 손질하는 남편을,
자고, 일하고, 낚시 말고, 한 조각을 차지하고 싶은 저 모눈종이 안의 한숨,
사등분을 분양받고 싶다면 적어도 십년은 더 기다려달라는

남편을,
  내려놓는 마음 안,
  애인 지나 남편 지나 친구 지나 아이 단계의 남편을,
  곰국 대신 어루만져줘야 할 때가 온다면

  지금부터 포물선 안으로 빗금을 친다면 모를까

X 맨

시를 쓰기 시작하면서 친해진 시인이
시모임에 데리고 갔다
평생 시를 쓰자며 그들과 손가락을 걸었다

그때 너는 시인이 뭐라고 그랬어?
지구를 구할 특수요원이라고 그랬어요
너는 일부러 그렇게 말한 거지, 나 꼬시려고 ?
너는 일부러 거창하게 우주를 끌고 왔지, 나 꼬시려고 ?

그때 너는 술만 마시자고 그랬지
밤이 새는 걸 지켜봐야 시가 온다고 그랬지
시인은 그래야 시인답잖아요
너 일부러 같이 있고 싶어서 그랬지, 나 꼬시려고 ?

진정한 특수요원들 여기 다 모여 계신 줄
예전엔 몰랐으므로 사과드립니다
미래를 구할 시인님들
시 좀 쓰셨나요? 나 꼬시려고 ?

그때 내가 돌연변이인 걸 알고 덤빈 거지,
내가 이 세상에 적응 못 하고 지구를 파괴할까 봐서
이곳 저곳에서 나를 콕콕 찍은 거지, 악의 사냥감이 될까 봐서
시인이라는 이름의 X 맨님들, 평생 손가락 걸고 시를 쓰자고
저를 꼬셔주셔서 감사합니다

나의 답사기

일곱 오빠들의 직접적인 구애를 피하기 위해서 일정한 거리 유지를 위한 완충지대이다. '미안해' 라고 말한 다음은 욕설과 주먹다짐을 금하도록 한 구역이다. 이제까지 질투의 출입을 통제해 왔다. 그래서 하얀 피부와 까만 눈동자가 발그레한 볼과 함께 보존되어 왔다. 새들이 노래하고 꽃들이 피어나는 이곳에선 멸종 위기의 동물들도 성깔을 버리고 비위를 맞춘 상태로 존재한다. 왕자와의 해피엔딩에 관심을 갖는 지역이다. 마녀의 이동경로가 된 사과가 목구멍에 그대로 보존되어 있어 의학계에서도 관심이 많다. 독극물의 치사량에 따른 수면 시간과 유전자 조회를 위한 탐방이 늘어났으므로, 유리관에 놓아져 관광객들에게 개방되고 있다.

II

유기농 가꾸는 정원사

봄이 오면 가곡을 듣고 자라는 딸기가 부럽소딸기 밑으로 만년을 사는 지렁이의 일가가 지나가오붕붕이를 타고 온 벌과 나비는 토마토에게 여름 소식을 전하느라 바쁘오게가 옆걸음으로 달려온 정자 아래서 벼이삭이 익어가오옥류천의 폭포소리가 천둥소리로 물길을 내니 물고기가 힘차게 날고 있소주인집 똥벼락을 맞은 퇴비가 황금사과를 낳고 있소내 아들이 편의점 삼각 김밥과피시방 뽀글이 라면으로 콩나물처럼 커가는 정원 밖으로 퇴근해야하오굽신거리며 자택에 절을 하고정원에 낮게 엎드려 절을 하는 일당벌이의 석양이 지고 있다오내 발에 묻은 흙과 옷섶에 묻은 물기를 털고 검색대를 빠져 나가오빈손으로 정원 밖을 나가면 한 끼의 감칠맛 나는 컵라면이 기다리고 있다오

포장마차에서 오뎅 국물과 잔소주를 들이키지 않는다면 통조림을 몇 통 사들고 들어가 기나긴 겨울을 질기게 날 수 있다오

김수현과 휴먼 다큐를 견디는 10초

스펙트럼 속의 우리 수현이와 키스해보지 않은 사람에게 천사가 들어앉은 커피에 대해 말해 무엇하리. 포카칩을 먹으며 식스팩을 만드는 우리 수현에게 수건을 건네주는 10초. 우리 수현이는 피죤으로 빨래한 것만 쓸 것 같다고 말해 무엇하리. 갤럭시 S5를 들고, 내가 살아도 몰랐던 우리나라를 찍어준 남자가 바로 수현이란 사실. 여름 휴가 코스가 바로 그곳이란 걸 말해 무엇하리. 뚜레주르에서 빵을 사고 카스 맥주를 마시는 내겐 다 이유 있는 휴먼 다큐. 이걸 먹고 마시면 수현이를 만져질 것 같아, 황홀황홀. 우리 수현이가 포스트 모던이란 걸 말해도 모를 거다. 우리 수현이의 살짝 올라간 입꼬리가 매력적이라서, 액정화면에 고정인거 말해 무엇하리. 자본주의여, 야근으로 슬픈 밤에도 우리 수현이가 있어 등불을 켜요.

여가시간엔 샘소나이트 백팩을 매고 하나은행으로 달려가지. 월급을 인출하고 레모나처럼 상큼한 시장으로 대중적인 수현이를 만나러 가지. 옆집의 수현이는 필요 없어요. 그냥 광고 안에서 살아주세요. 눈이 즐거운 현실보다 더 현실 같은 대중 매체여, 그 안에서 우리 수현이가 유혹하면 즐거운 비명을 지르는 내 주머니가 헤헤 입을 벌리죠. 우리 수현이니까, 나를 삼키는 우리 수현이니까, 안 먹어도 배가 부르지. 빳빳한 현실의 남자는 필요 없다니까요, 몇 번을 말해야 알겠냐구요!!

친절한 다이어트 씨

아이를 임신하고 74kg까지 갔던 내가
아이를 낳고 70kg에 머무른 몸무게,
키는 난장이 똥자루만하고
피부는 까무잡잡한 내가
아들 둘 낳고 70kg의 서른이라니

지금 내게 너무 말랐다고
먹을 걸 잔뜩 사주는 여러분이여,
사랑받는 44kg이 되기까지
종이컵에 모이 먹듯 살아온 내가
덥석 피자, 자장면, 라면, 삼겹살을 물 것 같은가

아들 둘이 남긴 껍질은 너무도 큰 주머니,
채워도 채워지지 않는 밑 빠진 주머니를 남겨둔 걸 몰랐지
먹고 또 먹냐
몇 개월이세요
남편 벌어온 걸로 다 먹느냐
질시와 핍박과 외면과 경멸을 다시 찾을 것 같은가

이쑤시개로 집어먹는 시식코너의 양만큼만
제사상의 퇴주 그릇만큼만
종이컵만큼만

내 속이 넘쳐날 땐,
연예인 브로마이드가 친절한 다이어트 씨

스파이더 맨

가는 곳마다 네가 쳐놓은 그물을 휘휘 젓고 아무렇지 않게 너의 발끝을 버린 죗값을 받는다. 줄마다 매달아 놓은 반짝임은 뭔가. 네가 먹어치운 내 이름으로 휘장한 이슬이거나 눈물이거나 상관없다. 너의 목청 따라 나는 이미 소화가 된 이름이다. 나는 사랑이라고 믿고 싶은 착각 속에서만 존재하는 너의 이름이다. 커플링을 끼고 나왔던가 웨딩사진을 지갑 안쪽에다 눈에 띄게 장착했던가 그 흔한 사랑퇴치법으로 나를 밀어내지도 않던 너답다. 이제 너의 이름으로 삼켜버린 살과 피도 출산하지 못한다. 그 누구를 사랑하고 있을 이름으로 너의 발끝은 서글피 부는 바람답다. 무화과가 익어가는 구월과 포도가 터지는 구월과 가을이 몰려드는 구월과 달디단 고백도 없는 투박한 구월답게 그물에 걸린 너의 흔적만 눈에 밟힌다. 보이지 않는 바람같이 허공에서 찾은 단서는 경상도 남자 같이 억수로 매달린 가시 달린 고백, 혓바늘로 쓰린 이름, 입을 찢어버리고 싶은 이름, 왔다가 사라진 이름, 아무도 기억하지 않는 이름의 그물로만 기억하는 나에게 잡힌다. 손 잡고 소풍가자던 가을 소풍은 사라지고 영영 파란 꿈도 사라졌다. 내 이름만 훔치고 사라진 흔적만 허공에 목구멍의 가시처럼 걸려있다. 살며시 돌아보면 사랑한 게 죄다. 함정이다. 너는 살았니 죽었니.

킹카

문을 열면 먼저 목표물 설정하기. 대각선 끝에 무심하게 앉기. 앞사람 옆사람에게 친절하게 농담을 주고받기. 한 칸씩 목표물과 가까워지기. 힐끗 한 번으로 무심하게 눈빛 교환하기. 그녀의 좌우에게 친절하기. 목소리는 봄날 미풍처럼. 가끔 옆사람의 귀 가까이 손마개로 가리고 속삭이기. 목표물이 말없이 우울해지면 술잔 한 번 부딪쳐주기. 끝까지 그녀 좌우의 추녀와 하녀에게 관대하기. 그리고 인사하고 다른 자리로 가기 2차 3차에서 목표물에 추근대면 말짱 도루묵

구미호

난 당신을 사랑하지 않기 때문에 괜찮아요. 유혹을 했다고 모두 사랑이라면 이 섬은 감옥일테죠. 이 섬의 사람들을 죄다 빠삐용으로 만들 심산이라면 그러든가 말든가요. 도대체 내가 당신을 사랑했다니 증거를 대보시던가. 당신을 바라본 시선이 뒤로 나는 새와 같거나 네모난 알과 같거나 꼬리 아홉 달린 여우와 같다 해도 불가능한 설득은 안돼요. 떠나간 나를 사랑이라 부르시면 곤란해요.

백 년이 넘은 섬에 천 개의 바람으로 불어와 선계의 풍경을 매달았기에 당신은 날마다 환호성을 질러댔다. 한때 섬은 배가 되어 둥둥 떠돌았으나 당신의 착란과는 무관했다. 당신은 다른 당신을 데리고 와서 당신의 제곱과 당신들로 가득 채워 무릉도원이 뒤뚱거리기도 했으나 당신의 유랑과 무관한 섬의 배회였다. 섬은 항상 새롭게 태어나야 했으니까 당신의, 당신들의 씨앗이 필요했다.

제가 하는 언어가 궁금하지 않겠죠. 아직도 제가 가진 땅과 집의 시가만 궁금하신가요. 제가 천 개의 바람으로 부르는 노래를 하고 있는 거 몰랐죠. 천 년 묵은 선계의 귀를 달고 당신의 마음속을 움직이는 거 모르셨죠. 바다 속의 진주를 눈에 감추고 당신을 맞이하고 버림받으면서도 헤헤 웃고 있다는 걸 몰랐죠. 당신이 못생겨서 사랑하지 않은 게 아니란 걸 아직도 모르는 거죠. 이 섬 또한 당신을 사랑하지 않아요. 이제 당신의 땅과 집은 백지예요.

마녀

평화는 깨졌다.

어째서?

우리 동네 스피커인 나팔꽃과 달팽이가 불었어.

찔러도 피 한 방울 안 나올 것 같은 그녀의 몸에는 악마의 손톱자국이 있지. 아니 개들의 이빨자국일 거야.

흰둥이가 사라진 시각부터 추리해보자.

역사는 아주 오래된 것이니까 흰둥이를 보육하던 전의 검둥이부터 다시 생각해보자.

누렁이도 있었지.

그녀는 중얼중얼 하늘의 날씨에 대해 말하거나 바다를 말아쥔 해초를 지고 오는 날도 있었어.

그녀의 딸들만 바다에서 수영하는 법을 알고 있어.

맞아, 딸들은 그녀를 닮아 전복, 해삼, 소라를 잡는 데 선수야.

바다 속에 들어가 7분까지 숨을 참고도 올라오지 않는 걸 보면 틀림없어.

성게알이 담긴 저 병들 좀 봐, 수많은 귀살의 가시를 우습지도 않게 가르는 걸 보면 틀림없어.

약초를 넣고 삼사일 졸이고 있는 무쇠솥 안의 질척하고 끈끈

한 저 액체를 의심해보자.

대상군들이 물질을 하면서 먹는다는 '엿' 이라 부른다는데.

'엿' 을 먹고 바다 속에서 괴력을 보이며 오리발춤으로 주문을 외우는 걸 거야.

저 망사리 좀 봐.

바다의 거물들이 죄다 포박당한 채 끌려나오잖아.

우리도 뭔가로 변해버릴지 몰라.

일단 그녀를 피하고 보자.

스타일

내가 걷는 이 길은 과거의 미래, 머리와 손가락은 크고 둥글어, 가는 팔다리와 중력이 쏠린 포만한 배

허나 고정된 키보드와 액정화면은 탁,탁,탁

내가 걷는 이 길은 미래의 현재, 마스크와 선글라스, 태양을 피하는 모자와 몸을 가린 고어텍스

마음이 곧 힐링이라는 길을 걷기에는 숨이 턱,턱,턱

내가 걷는 이 길은 현재 속의 현재, 머리는 뜨겁고, 눈알은 돌아가고, 주머니는 터진 항아리

자본주의의와 피할 수 없는 승부차기는 덫, 덫, 덫

너를 생각하는 마음속엔 집안의 배경과 권력을 셈하며 작아져도 좋은 남자이거나, 아이돌 가수의 짧은 치마만큼이나 작아진 용기로 고백을 못하거나, 고백에 등 돌려 그녀가 사라질까봐 벌을 서고, 오지 않는 미래에 투자를 하고, 크지 않은 아이에게 꿈보다 밤을 새우라고 말하고 전전긍긍.

엄마가 사라지고 엄마를 만들었는데도 내가 엄마와 아빠와 남편과 아내와 딸과 아들이 되는 길을 피할 수 없는 길은 과거

이거나 현재이거나 미래이건만

사랑만 먹고 사는 나는
21세기의 미아迷兒다.

배트맨 아들

영웅인 줄 알았던 중2 아들을 키우는 엄마의 안내서

이름: 방구석 폐인

신장: 자고나면 커지고, 자고나면 옷이 줄어드는 고무줄.

몸무게: 머리통만 크고 팔다리는 쫄쫄이.

출생: 분만실에서 태어났으나 애가 바뀐 게 아닐까 자꾸 의심이 감.

근황: 현재는 PC방과 스마트 폰에서만 표현 중.

소속: 5세까지는 '아공 내 강아지~' 라 부르는 시어머니, 12세까지는 그나마 부모 밑, 13세 후반부터는 컴퓨터 앞.

스펙: 공룡 이름 외우기, 로봇 조립, 유희왕 카드놀이, 비비탄 총 쏘기, 레고 모형 만들기, 무선 자동차와 비행 조종, 낚시 등 12살까지는 다양했으나, 13세부터는 초지일관 모니터 고정.

성격: 몰라여, 된, 걍으로만 해석해야 함.

초능력: 다른 중2처럼 교복을 특수복으로 입고 다님. 가벼운 책가방, 뜨거운 핸드폰, 잔소리들을 차단한 이어폰. (하얀 면 티와 신발은 구멍이 뚫려도 메이커여야 함. 3

개월에 한 번씩 '똥폰' 이라고 소리 질러주는 센서기가 작동 중)

무기1: 어릴 적부터 동생 약 올리기, 울리기, 동생의 용돈 빼돌리기.

무기2: 깨워 줄 때까지 늦잠자기, 정성껏 차린 밥상을 보자마자 컵라면 끓여 먹기.

무기3: 잔소리를 백만 번 듣고도 기억 못하는 편리한 귀, 특수 간편 뇌.

무기4: 성인과도 맞짱 뜨는 용돈 요구, 집안일은 내 알 봐 아님, 가족과 함께 움직이는 걸 극도로 꺼리는 암굴형, 밤에는 특히 반짝이며 모니터를 날아다니는 박쥐형 시력.

무기5: 변성기의 목소리로 따라 부르는 아이돌의 사이킥 사운드는 돌고래의 초음파로 접속 가능한 외계와의 교신.

무기6: 핸드폰을 감추고, 컴퓨터를 치우면 며칠씩 굶고, 학원을 등지는 단호한 단식 실력을 지님.

무기7: 수컷 냄새를 풍기는 땀내 나는 속옷, 잘 안 닦는 이, 1cm이상 자르지 않는 머리카락. 매직기로 펴야 집을 나가는 화상.

앙숙: 키보다 쑥쑥 성적이 오르는 엄친아, 평일에도 독서실

가는 찌질이, 착한 척하는 동생, 신종 득템의 고수들, 24시간 풀 게임해도 상관없는 듀얼. 남침을 하려는 북한의 수장과는 굉장히 사이가 안 좋음. 이유를 엄마도 알다가도 모르나, 이걸 내 새끼라고 해야 하나 애국자라고 해야 하나. 찹찹찹.

어벤져스 어셈블

눈물이 날 땐 삶의 소리가 잘 들린다.

악플로 깨진 하루는

꽃의 향기를 품은 사람들과 소주 한잔 하러 가야한다.

악인은 상대의 눈 속에서 자신의 악을 보고 죽는다고 했다.

일기장을 훔쳐본 악인보다 더한 악플러들이 서로의 댓글로 반전드라마를 쓰고 있다.

반성문을 쓰는 아이보다 계획표를 쓰는 영웅으로 키우자던 SNS의 초심,

물에 소금이 있으면 쇠가 부식이 더 잘 되듯이 수습하기도 전에 악인의 손아귀로 사라졌다.

자본주의의 혈액이 묻은 흙이니 덮는다고 사라지지 않겠지만 반드시 사라져야 한다.

스스로 괴물이 되는 악인은 언제나 상대를 적이라고 규정짓는다.

악플에 시달리면 마음도 내 것이 아니다, 제멋대로의 글들이 삶의 질서에 소금을 뿌린다.

마음을 청탁하고 떠나온 의리파들과의 약속.

나는 익숙하고

그대는 낯선 공간에서 잠시 떨어져 나온 문학이 죽고 시간은

고립되고 말았으니
소낙비처럼 노래에서 쉼표를 찾는 의리파와의 소주 한잔.
손가락 귀마개가 있어 거름이 되는 시간은
가시가 많은 사람의 용광로에서도 꽃의 향기를 잃지 않는다.

달은 하늘에 떠있고 파도소리는 그대로인데
나를 따라온 악플의 고함은 마음속에 남아있다.

영웅이란 타고나지 않는다. 누구나 할 수 있는 것을 했을 뿐이다.

누구나 할 수 있으나 하지 않는 것으로 가끔 지구가 평화로워진다.

영웅이 필요한 세상은 큐브를 손에 넣은 악인이 우주를 지배하려는 만화영화처럼 웃기지도 않거늘 늘어나는 악인의 폭로열전은 열사병과 더윗병의 시대라며 넘겨버리자.

악인의 복제품이 짝퉁처럼 넘쳐나도 꽃의 향기를 품고 있으면 된다.

한꺼번에 박멸할 수 있는 것은 언제나 꽃의 마음이거늘, 우리는 뭐가 무서워서

악플의 몰락종결자들에게 목숨을 내주려하는가,

인기 검색어의 순위에서 내려와 인격이 복구되는 동안,

꽃의 노래가 전파되는 노래방의 스피커 하나면 된다.

자~ 소주 한잔 마시고 노래나 부르러 가세, 스트레스를 확 날려버리는 우리가 영웅들이니까,

악인은 서로의 악플로 쫄다가 가고 말 것을, 우리는 처량한 욕지거리에 목숨 건 악인의 음파를 꺼둬 좋겠다. 목청 높인 철부지처럼 사그러지는 낭만에 불을 지피고 있어야 한다. 일단 모니터를 끄고 나와 마음껏 어깨를 펴고 술잔을 높이 들으세, 의리파들이여, 건배

키메라

- 제주댁

#

아엄*은 아딸이 물려준 무릎 나온 추리닝과 남편의 반팔 티를 박스 티처럼 입고도 아무렇지 않다. 세수의 속도와 머리 묶는 속도도 제일 빠른 고양이 스타일이다. 새벽부터 일어나 고딩을 위한 밥상 한 번, 남편 한 번, 중딩 한 번씩 차리고 난 뒤, 운전기사로 돌변한다. 고딩 한 번, 남편은 대충 정류장으로 보내고, 중딩 한 번. 집안일과 마당 정리와 유리창 청소까지 용역업체 직원으로 변신한다. 컴퓨터 수리점, 구두 수선집, 세탁소를 돌고 시댁과 친정을 도는 택배요원으로도 변신한다. 학원시간 체크, 간식 체크, 저녁 밥상을 위한 원산지 체크, 남편의 2차, 3차 경로를 체크하면 충분히 양처럼 굴 수 있다.

##

삼춘은 심슨 엄마처럼 파마머리를 사자 모양으로 높이고, 눈빛을 상대가 읽지 못하게 눈 주위는 마스카라와 펄 섀도우로 짙고 화려하게 모자이크 처리한다. 외모를 삼킨 목소리의 결로 여자와 남자의 경계를 뛰어넘는다. 악바리 근성을 가진 집안의 오너로서 가끔 자신의 뇌와 토론하기도 한다. 인체의 특정 부위들과 대화도 가능하다. 제주사람에겐 제주어로 말하고, 이방인에겐 더욱 능숙한 표준어로 대화가 가능한 바이링구얼이다. 일본어와 중국어도 쉽게 원어민 교육이 가능한 입지조건을 갖췄다. '부에가 용심 저끄트래 나도' ** 물질 한 번이면 풀린다. 바다밭, 돌밭, 과수원, 촐밭의 경영과 경운기, 트렉터, 스쿠터는 기본이다. 자전거는 성질만 버린다. 삼춘은 집에 붙어있는 날이 없으므로 집으로 찾아오는 것보다, 제주 섬을 한 바퀴 도는 게 더 빠르다.

###

사대천왕도 바쁘고, 예수와 석가도 일이 바쁜 터라 토산리에 가면 뱀이 신이다. 토산에선 딸이 시집을 가면 뱀도 따라간다고 전해주는 명민한 심방의 목격담을 뒷받침하는 설화집도 왕왕 있다. 칠성은 고팡에 정좌해서 조냥 정신과 수눌음 정신을 가르친다. 꽃할매들은 엑티브 시니어가 되어 돈 많고, 일 많고, 힘도 세다. 물론 혀로 내지르는 냉소의 필살기는 독침을 장착하고 있다. 아엄의 시기를 벗어나면 '따로 또 같이' 살면서 밥과 돈과

사생활을 철저히 분리한다. 마을의 폭낭 아래서 쉴 수 있는 연령은 칠십 세부터라고 볼 수 있다. 점점 팔,구십 세로 밀리는 추세이다.

####

팬픽으로 채록한 아~아~아~ 아' 아' 아'

타잔 이후로 소리의 한계를 뛰어 넘은 그녀의 방사선을 쬔 스타카토는 최강이었다. 한국가수이지만 스페인과 프랑스가 나와바리인 그녀의 노래는 오페라가 아니었다. 다른 가사는 생각나지 않지만 아' 아' 아' , 눈을 구심점으로 한 현광화풍에 한 번 놀라고, 한복드레스에 한 번 더 놀랐다. 팝페라답게 이름도 kim 메라였다. 제주에선 지금도 흔한 비바리의 유전자를 가진 더없이 반갑던 키메라였다.

* 아내+엄마
** 제주의 속말: '화가 머리끝까지 나다'

세이렌

당나귀가 목욕탕 안으로 들어선다.

어느 누구랄 것 없이 문을 열고 들어서면 위 아래로 훑어보는 텃새들이 있기 마련이다. 일단 텃새들의 입방아에 오르지 않으려면 살이 넘치다 못해 흘러내리거나 기형이거나 나올 곳이 빈약해야 한다.

당나귀가 온탕에 앉아 있을 때 사우나 방에서 나온 두 마리의 텃새가 냉탕에서 오리발은 사용하지 않고, 부리와 시선고정으로 온탕을 겨냥하고 있다. 눈매가 사나와지고 미간을 찌푸리는 걸 보니 험담이다. 귀가 길어진다. 온탕의 당나귀는 가슴이 예쁘다. 어쩌면 냉탕을 왕복으로 다섯 바퀴를 돈 듯도 하다. 유연한 라인의 비결일 테지만, 점점 사나워지는 냉탕의 턱에 앉은 텃새들은 턱도 없는 몸매와 계란 후라이 같은 가슴을 지녔다, 그뿐이다.

당나귀가 열탕으로 시선을 돌린다. 다리만 탕 안에 담그고 등과 뱃살에 고무 부황을 붙인 무리가 있다. 뜨거울 텐데 탕 안으로 몸을 들여놓거나 각자의 거울 앞으로 돌아가 뱃살을 문지르는 종지를 들지도 않는다. 도마뱀이거나 공룡 모습으로 연신 까르르 웃고 있다. 차가운 커피 한 통을 시키고 얼음을 나눠 먹으면서 사우나 방에서의 일들을 토해내고 있다. 사우나 방의 경기를 재방송 중이다. 발이 뜨거워도 퇴장할 수 없다. 길어진 귀가 간지러운지 귀를 자꾸 파고 있다. 이놈의 고질병.

당나귀가 샤워부스를 바라본다. 남자의 몸매로 탕을 한 번 눈으로 둘러보고는 여유롭게 머리를 감는다. 위압적인 자세와 얼굴근육이 서열을 말해주었다. 옆 자리는 서서히 비워졌다. '넌, 뭐하는 년이냐?' 1초의 시선이 당나귀의 등줄기에 박힌다.

사우나 방에는 기본 한두 시간을 버틸 힘줄이 없으면 처음부터 발을 들여놓지 말아야한다는 것쯤은 어디랄 것도 없이 아는 사실이다. 들어갈 때부터 매점에 몇 통의 얼음매실과 얼음커피와 얼음우유를 시켜놓고 사우나 방에 가야한다. 일정한 주기로 사우나 방의 고정 텃새들에게 얼음 통을 쏴야한다. 그래야 살아남는다는 것쯤은 안다. 일수 찍듯 고정된 시간에 들어가야 머리끄뎅이가 잡히지 않는다는 것도 안다. 내장, 똥창까지 열 받고도 버틸 수 없다면 이력서를 내밀면 안 된다.

세상에서 가장 센 혓바닥들이 모여 있는 여탕에서 귀가 길어지는 것은 당나귀가 아니어도 안다.

엄마는 외계인

- 냉동 계모 해독 프로그램

'두 번 다시 사랑하지 않으리' 에 관한 괴소문,
그것이 알고 싶다.

뺑덕, 노일저대귀일의 딸, 장화모, 콩쥐모. 신데렐라모. 백설모. 헨젤모 등등의 문전신화에 연류된 계모 사건에 대해 알고 싶다.

왜 부엌과 변소는 한 집에 있어도 함께 있으면 안 되는가
잘 키우면 친엄마 심성을 닮았고, 못 키우면 계모 탓이라서 학대가 확대되는가

60% 자존심 깎이고 들어가는 자리
200% 잘해도 본전은 커녕 욕먹는 자리
죽어도 가족묘지에 나란히 못 누이는 자리
잘 키워둔 자식이 크면 생모 찾아 날아가 버리는 자리
남편에게 전처보다 더 잘해야 하고
다른 여자들이 밀고 들어올까봐 더 신경 쓰이는 자리
재산 상속 때 호적이 들썩이는 자리
세상에서 제일 밑지는 장사를 해서 욕먹고 망하는 자리
두 번째라 잊혀지는 자리

알면서도 모른 척
진짜 사랑을 위해 뛰어든 순정파들,
왜 두 번째 엄마가 되었을까

그것이 알고 싶다

메두사

문어발식 입이 달린 사람이 살고 있었다.
편집증적 비평이 달린
그의 입들은 대낮에 꾼 꿈을 공유하길 바라지만
모두 독침을 피하느라 바빴다
좌측에 앉아 정치를 제 입맛에 맞춰 발사하지만
신경을 건드릴 뿐이었다
독침의 응축을 창작에 몰아넣어
탐탁지 않게 바라보는 자들에게 본때를 보여주겠다고 벼르기도 했다
벌건 대낮에도 술에 취해 꿈을 꾸는 그를 자주 목격할 수 있었다
명예, 권력, 돈, 여자의 사랑을 얻기 위해선 한방이면 된다고 신춘과 공모전에 총력을 기울이기도 하였다
꿈을 포장하기 위해 짜깁기와 비틀기 거기다가 세탁과 표백이 난무한 형태를 사용했지만 커뮤니케이션이 언제나 모자랐다
독설만 터져 나와 분통이 터졌다
밤에는 꿈을 꾸는 대신 술집으로 가서 낮에 꾼 꿈을 전파하기에 바빴다
'허허, 허무맹랑한 꿈 좀 보소'

결국 술값도 내지 않으면서 독선의 입을 나불대며 유리병을 깼는데
거울 조각을 닮은 유리 파편들이 문어발식 입 속으로 들어갔다
전이된 독이 몸 안에 퍼져 더이상 꿈을 전파할 술집이 없어
어디에도 입을 벙긋할 자리가 없었다
그를 발견하면 모두가 머리 가까이 손가락으로 빙글빙글 원을 그릴 뿐,
설상가상으로 그가 쓰는 작품은 이미 패러디가 되어, 자고나면 벌써 구닥다리가 되었다는데

입에 비해 귀가 턱없이 모자란 사람이 살고 있었다

반지의 제왕

세상의 절반은 아내를 차지하려는 남자들
나머지 절반은 아내를 사랑하는 여자들
내가 그들 중에 유일하게 아내와 밥을 먹고 잠을 자고 사랑을 나누는데
아내는 살이 찌고만 있었습니다.
산후우울증으로 신경질을 부리며 먹기만 했습니다. 애들이 자라고 학교에 다녔어도
추리닝과 잠옷으로도 헐크가 돼버리는 아내를 가릴 수 없었습니다.
아름답던 아내의 아이문제, 가계부, 회사, 시댁과의 불협화음은 살로만 드러나고 있었습니다.
아내는 결혼이 결코 행복하지 않았습니다.
나 또한 집에 들어가기 싫었고
침대가 싫었고
아내와 함께 사람들을 만나는 게 두려웠습니다.

마지막으로 아내를 위해 내가 할 수 있는 일을 하고 헤어져야겠다고 생각했습니다.
사람들 앞에서 아내 손을 꼭 잡고 다녔고, 아내가 최고로 예

쁘다고 칭찬했으며, 다른 여자 세상에 존재하지 않는 것처럼 굴었습니다. 심지어 어머니까지도, 키스와 월급과 보너스까지 아낌없이 내주었습니다. 모임과 친구들 술자리에도 항상 아내 없인 나가지 않았습니다.

아내가 헬스를 간 동안 애들과 집 청소를, 아내가 수목원과 수영장에 있는 동안 설거지와 정원 손질을, 아내가 미용실을 간 사이 인터넷 사이트에서 최신 스타일을 스크랩했습니다.

믿기 힘들겠지만 아내는 처녀적 몸매를 되찾았고, 회사에선 활기를 찾았고, 시댁에선 제일 쿨하고 애교 넘치는 며느리가 되었습니다.

결혼 전보다 훨씬 더 아름답고 당당한 아내와 손을 잡고 나가면 애들과 저는 부러움에 사로잡히기 시작했습니다.

그리고 저는 한 가지 깨달았습니다.

여자의 결혼은 무덤이 아니라 날개라는 것을요.

만약 당신이 결혼반지를 빼지 않으실 거라면

트랜스포머

아들 둘을 낳았다

집은 공룡이 사는 원시시대부터 꼬마자동차들을 수동으로 운전하는 마이 카 시대까지 거쳤다

아들 둘은 우리 집보다 슈퍼와 문방구에 쪼그리고 앉은 날이 많았다

블록 쌓기와 좀 더 큰 중장비차가 돌아다니는 집은 아빠의 건축경기보다 좋았다

무선비행기와 우주선을 리모컨으로 조종하는 전지전능에 가까워지자 부수고 쌓고 날리고 걸리고를 반복하는 집은 SF세트장을 방불케 했다

아들 둘이 메이플 딱지와 유희왕 카드놀이가 한참일 땐, 받아쓰기할 때보다 팔이 더욱 아팠고 방바닥 엎드려 마찰을 연구하기도 했다

스파이더맨의 가면과 거미줄은 창과 칼싸움에 비해 오래 갔으나, 비비탄 총싸움엔 쨉도 안 되었다

레고와 카이로봇을 만날 때부터였을까

다섯 명이 나오는 지구방위대 시리즈부터였을까

로봇들의 전쟁이 본격적으로 시작되는 입체 게임을 만나는 순간부터 군대를 가야할 운명인 것처럼 진로가 분명해졌다

남자 셋이 사는 집에는 오토로봇들과 마블의 영웅 시리즈가 거실과 찬장까지 살림살이를 바꿔버렸다

텔레비전 채널 고정과 가족 단체 관람 영화표 또한 액션과 스릴 넘치는 SF로 십수 년간 이어졌다 가정의 대화와 평화를 위해 많은 로봇군단이 우리 집을 기지로 삼고 있는 걸 허락하고 있다

비록 저들의 수를 늘리거나 싹 쓸어버릴 변수는 엄마의 큐브지갑일 테지만, 지구를 지키는 영웅들의 환경은 아직까지 살만하다

사이버트론에서 떠나온 옵티머스와 범블비가 메가트론의 침입을 막기 위해 아들 둘에게 넘어간 엄마의 큐브지갑을 선점하고 있다

미신공인중개사

언제나 하지 말라 뿐이죠
4라는 숫자를 피해서 F층을 누르죠
집에 들어오면 문지방은 밟지 말아야 하구요
빨간 색으로는 이름을 쓸 수 없어요
휘파람을 부는 밤에 다리를 떠는 나는 자주 혼이 났었죠
돼지꿈을 꿨는데도 말이죠
닭 날개를 좋아하시는 아버지 앞에서 어머니는
자주 곰국을 끓이시곤 하셨죠
야근이 끝나면 언제나 밤인데도 손톱을 깎지 못하는 아버지가 선풍기를 틀고 잠이 들까봐 어머니는 몇 번씩 잠이 깨곤 하시죠
나의 사주 속에는 하지 말라는 것뿐이죠
깨지라고 있다는 미신
금기의 불안을 건너 자유롭게
이 가을, 그대와 함께 덕수궁 돌담을 걷고 싶어요
암탉이 울어도 망하지 않는 언니들처럼
13일의 금요일에도 불타는 금요일처럼 놀고 싶어요
칼을 물고 바라본 화장실의 거울 앞에 그대가 보여요
너무나 소중한 나의 사주에는 금기가 많아서

화장실 창문 밖

빨간 종이와 파란 종이를 고민하는 밤하늘에서 별똥이 떨어져요

III

오타쿠

무

직원이 없는 학원원장이다. 사회 속의 원시인으로 살면서 한 켤레의 구두, 한 켤레의 쓰레빠로 산다. 하루 한 끼를 배달민족처럼 시켜먹고 츄리닝과 런닝구 하나를 유니폼처럼 입고 있다. 변함없이 자급자족이 가능한 원시시대를 홀로 지키는 파수꾼이 아닐까. 무기로는 수학을 잘한다는 입소문과 동네에 수학 전문 학원이 없다는 것이나, 아들이 전 과목을 고른 수준으로 하향하고 있는 것의 원인을 수학 때문이라고 우기는 사실 때문이 아닐까. 아들처럼 평준화된 중딩들이 수학학원에 밥풀을 붙이는 게 아닐까.

'다 좋다 가르치는 일에 힘쓰면 되지' 라고 생각하는 엄마들에게 먼저 상담전화를 하지 않는 원장은 '올테면 오든지, 갈테면 가라지' 로 일관하며 씨크하게 마지못해 대꾸한다. 친환경적으로 청소를 하지 않는 학원으로 참다못한 엄마들이 찾아와서 제 아이의 책상만 치워주고 가더라도 청소에 에너지를 분산하거나, 협박에 전전긍긍하거나, 학생 수가 줄어드는 것에 겁먹지 않는 의연함은 마흔 줄 중간에 걸린 노총각이어서 그러지 않을까.

학생 이름은 못 외우면서 아이돌 섹시 가수들의 이름을 달달 외우고 모니터 앞에서 춤을 따라 출 수 있는 까닭은 하루의 5분의 6을 모니터 앞에서 사는 까닭이 아닐까, 모니터는 뮤직뱅크를 반복재생과 화면 정지로 끌어올려 뇌를 홍분시키면 3천 궁녀도 필요 없는 낙원이 아닐까, 모니터 하나로 세계를 돌고 세계의 나타샤와 흰당나귀를 끌고 마가리에서 살고 있는 건 아닐까.

심

명절에 집으로 가지 않는 원장의 마음은 청춘에서 고정되었다. 가봐야 '언제 철들래와 장가가라' 는 말도 안 되는 논박에 마음이 다친다나 어쩐다나. 내 나이가 어때서 나타샤와 흰당나귀 하나면 가난한 고아가 되어도 참을 수 있단다나 어쩐다나. 모니터 안의 마가리로 떠나자, 세상은 더러워서 피하는 게 아니라 더럽혀진 자리마다 치우라고 잔소리 하는 모니터 밖의 여자들 때문이란다나 어쩐다나. 모니터 안의 나타샤, 티파니, 수지, 카라… 아이돌 여가수들은 외로운 마음을 달랠 줄 아는 까닭이라나 어쩐다나. 마음을 살피며 오늘도 돼지 멱따는 목소리로 수학은 아니 가르치시고 나타샤를 부르는 저 눈 나리는 날 얼어

죽을 게으른 원장을 뭐라고 소리라도 지르고 싶지만, 심지도 굳은 아들은 '한 번 스승은 영원한 스승' 이라고 의리를 외치고 있단다나 어쩐다나.

혈

코피 터지게 돈 벌어서 키웠더니 동굴에서 모니터 하나로 게임하다 걸리고, 맞고, 빌고를 반복하는 아들과 원장은 원시인을 닮아 있다.

통

아들이나 원장이나 보기만 하면 아프다. 둘을 합치고 통하게 하는 모니터를 절멸시킬 수 없다면, 지구의 멸망보다 통곡하고 통탄하는 중딩 아들을 둔 엄마의 화병을 통촉하여 줄 광狂케이블이 회초리처럼 저들을 사회로 소환할 수 없다면, 사회적 인간으로 소생시켜 줄 수 없다면. 마가리로 떠나자.

바코드 아들

만 16세 생일날
돌려 주겠다

연합고사가 너의 인생을 지배하는 제주도에서
피시방을 돌아봐야 엄마의 손바닥 안이다
시내 명문고를 들어갈 수 없다면
너는 내 자식이 아니다

협박을 하는데도 컴퓨터와 핸드폰을
조절할 수 없는 폐인이 내 아들이라면

마녀로 둔갑해 너를 저주하노니

오늘부터 친엄마는 잊어라
일곱 과외 선생을 붙이는 백설 엄마와
집안일을 해야 밥을 주는 신데렐라 엄마만 있을 뿐이니

너, 오늘 단단히 찍혔다

갑의 문제

아침에 일어나면 양치와 세수를 잘 하고
신호등을 잘 지켰을 뿐 아니라
횡단보도를 잘 건넜고
가계부에 알뜰살뜰 수입과 지출을 적으며
소비 대신 저축을 잘 했습니다
난방비 고지서와 세금 고지서에 민감했고
학원비 대비 학원 시간을 잘 지키는지 아이를 독려했고
가지 말라는 곳은 가지 않았고
하지 말라는 일은 결코 하지 않았습니다
내가 뽑은 정치인을 믿고
내가 가는 회사를 믿고
내가 믿는 신께 기도했을 뿐입니다

위의 제시문을 읽고
을의 가난에 대해 바른 어법을 사용하여 자신의 견해를 논술하시오

마눌님

여신도를 거느린 교주에게 무서운 마왕이 있다
방심한 여신도들이 바싹 달려들어
유홍을 접대하는 밤
예민한 애무를 입고 힘이 상승한 교주에게
젖을 물리고
의상을 입혀주는 마왕이 없다면 교주는 천수를 누릴 수 없다

그리하여 교주는
골짜기마다 뱀을 불러들여 꽃을 피운다
안개가 줄기를 타고 내리자
강림한 교주의 발치마다
산제물로 바쳐지려 여신도들이 너도나도 붉어졌다
마왕이 꽃밭을 경작하는 솜씨라니

여신도들이 서로 협력하여
천년만년설로 교주를 퍼뜨렸다

교주는 마왕의 곁으로 떠났다
혼미한 여신도들이 쓰러졌으나 꽃밭의 꽃들은 다투어 피었다

교주를 믿고 따르던 여신도들이 교주의 자리를 돌아가며 지켰다
교주를 보지 못해도 꽃은 꽃을 낳고
구원을 기다리는 세계를 꽃으로 장식했다

늙어빠진 교주를 집에 가두고 곰국을 끓여놓은 마왕은
젖줄로 키워낸 새 교주들을 무럭무럭 거느리고 돌아왔다

$C_{12}H_{22}O_{11}$

새연교를 지나던 '마른사탕' 과 '젖은사탕' 두 자매는 '키스사탕' 이 있는 바닷가의 갯바위를 보았다 두 자매는 그 곳에 다가가 앙코르의 무희 압살라처럼 얄싱한 허리춤을 추며 노래를 부른다 노래주점의 사이키 조명 없이도 노래는 흘러 때로는 지나치게 격렬하고, 지나치게 자상한 푸른 바다와 하얀 포말을 불러왔다 그러니까 새연교 주변엔 난파하여 죽은 패총의 흔적이 지층에 흩어져 있는 것이겠지만

'키스사탕' 은 돌 속의 미라가 일러준 대로 일찍 여윈 상처투성이 이빨을 밀랍으로 붙이고 카카오 가루처럼 칠한 우뭇가사리처럼 갈색의 노래를, 하얀 노래를, 투명한 노래를 순서대로 밀어냈지 노래는 속임수라는 카라멜이거나 솜사탕처럼 유혹이거나 껌처럼 견인되는 끈적끈적한 의도일 텐데,

'아이 달콤해!' 절로 나오는 단맛의 감탄사를 애원했으나 자매를 응시하는 순간 증명할 수 없는 비침, 꿀벌 없이도 꿀을 만들던 행복한 나르시즘의 행복한 시간이 비춤, 신기루처럼 해무가 휘휘친친 몰려왔기에 무사히 자매를 무시할 수 있지

'병적이야 넌' 이라 단정 짓는 교정기 같은 돛대를 달고 '키스

사탕' 이 될 수 없지 않는가, 세이렌의 노래를 입안에 굴려봐야 악취뿐이니, '키스사탕' 은 키스가 하고 싶었단다. 빈혈에 걸린 드라큘라처럼, 그야말로 스스로 녹는 키스가 필요한 드라큘라란 말씀이야.

작가가 묻고 시마가 답하다

시는 쓰고 있니
왜 글을 가난한 시에 쏟아 붓니
(멈춰, 멈춰)
왜 재미없는 시를 쓰니
왜 말랑말랑한 시를 못 쓰는 거니
(바꿔, 바꿔)
이쯤에서 눈 딱 감고 연애를 해볼까
이쯤에서 펜을 놓고 땅값에 덩달아 부풀어 볼까
이런 생각이 들 때마다
숲 속을 걷다보면
나무가 연필이 되고 종이가 되어
지렁이가 가스로 웃음을 뿜어내듯이
다시 시를 쓰고 있는 거라

질문이 뭐였죠?

조강지처

그를 만나서 사랑하고
없던 가족을 만들고
인간을 만들기 위해 애쓰고
거실 평수를 늘리지만
그를 포맷한 검은 시간
처음으로 돌아가 그와의 관계를 잘라버리는 여자

밤의 다섯 딸

지금은 밤이다
별보다 강한 네온이 쇼를 펼치면
금가루를 묻힌 나방들이 몰려와 세계가 빛난다

인스턴트 음식을 쇼핑카트에 넣고
카드로 결제하는 자식과의 대화
쇼윈도의 부부가 행복하게 웃는 광고
밤은 미래를 믿고 맡기는 활기찬 보험증서

나무와 새가 숲을 이루고 합창을 한다는 건
동화책에 나오는 세계가 맞죠?

아이들에게 고약을 붙여주던 어머니와
양말을 꿰매 신던 형제와
도시락에 계란을 뺏어먹던 친구 이야기는
다른 나라 이야기처럼 낯설다

차라리 게임과 웹툰을 하게 해달라고
요구하는 아이들에게

컴퓨터 앞에서만 시를 쓰게 하는 지금은 밤이다

깊고 어두운 곳에 은닉한 초원과
사랑의 감성을 들춰내는 시인은, 불편한 사람
답이 없는 꿈을 쓰는 시인은 밤을 혼란스럽게 한다

밤은 곧 시인을 감금할 지옥을 만들 작정이다
도깨비불 장난으로 성을 쌓고 있는
매혹의 밤,
네온 아래로 시인을 밀어넣기 좋은 밤이다

도둑들

꽃말을 따라 군락을 이루던 정원에 벌과 나비가 계절을 묻어 오기 시작했기에 어지러워라 장미가 예뻐 가시까지 예뻐 따라쟁이 따라따라 엉겅퀴 가시가 돋고 엉겅퀴 남보라 꽃술이 신기해, 신기하게 산수국이 피어 불붙듯 수천만 꽃들이 피어나기 시작해서 어지러워라 나를 잊지말아요 물망초가 이기적인 사랑을 필사하면서 노란 장미의 심장이 생겼고 꿀벌은 여왕개미에게 물망초를 값싸게 팔았기에 어지러워라 노란 심장을 거울로 물물교환한 해바라기가 태양을 피하며 얼굴에 거울의 파편을 검게 바르는 동안 나비들은 거미에게 태양의 접전지를 살짝 흘렸으니 어지러워라 숭배를 받던 자가 코너에 몰리면 정치를 하리라 수천 꽃들이 일제히 꽃말을 버리고 정치에 골몰하기 시작했다니 어지러워라 어지러워라

천진난만한 채송화 명예를 중시하는 능소화가 사태를 수습하려고 소수의 의견을 모아 나비와 벌을 쫓아내기 시작했다 그리고 꽃은 제 꽃말을 기본으로 심화학습을 받도록 시정명령을 받는 철거가 시작되었다

꽃들이 땅값에 도움이 안 되자 정원을 갈아 엎은 집주인은 시

멘트를 부어 건물을 짓기 시작했으니 어지러워라 조경으로 둥
그런 조화 하나를 정문 앞에 걸어두고 꽃의 묘지를 알릴 뿐이다
꽃말은 도감에 기록되었고 따라쟁이들은 조문객도 없이 기록
에 삭제되었으니 어지럼증이 사라졌다

나는 누구일까요

한반도 서남쪽 딸이 많아야 부자가 되는 나라에서 태어난 그녀는 외동이었다 그녀의 어머니는 까꿍 한 번 못해보고 호이 ~ 물숨을 쉬고는 곧바로 살림을 맡겨버렸다 아이는 내 자식이 아니고 고기밥이라는 어머니의 유언과 반대로 그녀의 옹알이는 뱃전과 불턱을 맴돌며 먹고 자랐다 아버지는 방파제로 나와 그녀를 기다리기엔 이리저리 코가 잘 꿰이는 눈먼 고기였다

그녀는 남자들이 많이 죽는 파도가 사납기로 소문난 나라에 살고 있었다 공물 실은 배와 장사꾼의 배가 앞서다 죽고 뒷걸음치다 죽는 남자무덤이 되어 표류했다 내가 고기밥이 되겠어요 어머니의 유언대로 그녀가 외쳤을 땐 이미 열 살이 넘은 나이였다 그녀의 테왁엔 할망바당에서 들어 올린 보말과 우뭇가사리가 정부지원을 포기한 듯 했다 테왁을 띄우면 수궁 깊이 들어가는 그녀, 그녀의 폐 구조를 측정한다는 건 인어의 폐활량을 측정한다는 것과 다름없는 사실이니까

그녀는 바로 심청입니다 그러니까 진정한 물질을 할 수 있는 그녀는 심청이라야만 한다니까요 혼백상자를 지고 집안의 대를 걱정하는 사람, 그 걱정은 대물림인 것을 아무도 몰랐다지만

딸들이 많아야 부자가 되는 나라에서 태어난 외동이 그녀라면 심청이 맞습니다

하늬바람 무섭게 몰아쳐도 중국, 러시아, 일본으로 원정물질을 가야만 하는 딸이라면
진상을 해야 눈 먼 아버지도 눈 뜨게 할 수 있는 나라에 살았던 딸이라면
수궁에 들어도 살림을 걱정해야 하는 사람, 심청이 맞습니다
돌 많고 바람 많은 나라에서 나라 걱정은 심청이 말고 누가, 어떻게

카사노바는
'좋은 사람 있으면 소개시켜줘'라고 말하지 않는다

그때 시인이 문을 열고 방안으로 초대하니 삼삼오오 여인들이 머뭇거리며 문지방을 넘지 못하는 것이었는데

단촐한 단칸방에 옷가지 몇과 이부자리가 달랑 하나라
눈여겨 볼 것도 없는 방이라 가슴이 짠한데
이가 나간 밥그릇까지 개다리소반 위에 올려놓고 커피를 끓여주는 것이었는데

제가 글감옥에서 자발적으로 유배생활하느라 그렇소
봄바람에 꽃잎 감전시키는 목소리는 뉘 식이고
위로하듯 받아주고 무심한 듯 허공을 바라보는 시선은 뉘 식인지

원고지가 천정에 닿아 네 귀퉁이를 받치고 있음이 얼마나 습작을 많이 했을꼬
다 쓴 모나미 볼펜이 심을 잃어 억새마냥 꽂혀 있는 통조림통들 좀 보소

문지방이 옷소매 닳듯 여인네 발걸음 끊이지 않고

아이고~우리 시인님 굶고 계시면 어쩔까
눈물 적시는 여인들이 줄을 서고
따슨 도시락과 김치통이 사시사철이라

아따, 이놈아
이렇게 가르쳐줘도 모르것냐

에코

그래그래 엄마가 아이의 이름을 먹었다
뱉어낼 때는 잔소리와 잔소리뿐이다
까꿍하면 빛이 되던 아이의 이름이
손바닥을 맞으며 학교와 학원을 돌며 그늘진 이름이 되었다

이 세상에 사람이 모두 사라졌으면 좋겠다

한 줄의 일기가 섬뜩하다

그럼 학교도 안 가고 학원도 안 가고
집에서 맨날 엄마랑 놀 수 있잖아

까꿍하며 안아주던 아이를
집에 앉히기도 전에 잔소리와 잔소리뿐이다
입을 열기도 전에 이름과 이름 사이에 명령어가 붙어버렸다

도대체 왜 말을 안 하는 거야

뱉어낼 때마다 까꿍 해주던 엄마가 사라졌다

IV

손각시

그녀는 낙엽이 구르는 벤치에도 있고
비오는 날 막걸리 집에도 있습니다
사랑이 무엇일까 씁쓸한 생각 속에 나타나
눈물을 만들기도 합니다
어깨가 무거운 중년이 지나가도
왼쪽가슴의 통증으로 살아나기도 합니다
아가씨들은 한결같이 그녀의 나이쯤에서 웃습니다.
스카프와 판타롱이 다시 유행하고
땡땡이 무늬 블라우스가 살랑거립니다
머리에 새치가 늘어가는데
그녀는 아직 스물 셋,
이별 이후부터 나이를 먹지 않는 당신
가슴우리에 묻혔어도 찬란히 아린 바로, 첫사랑

미다스

얼마면 돼!
드라마를 따라하던 남자들이 해줄 수 있는 건 없었다

얼마면 돼!
학교 가기 바로 전에 돈을 타려는 아이들에게 잔소리보다 돈이 해결방법이었다

얼마면 돼!
로또도 안 사고 팔 땅도 없는 바른생활 남편에겐 재테크의 달인보다 아껴 쓰는 부인이 필요했다

밑 빠진 가계부와 알 수 없는 미래가 궁금할 땐
용한 김보살을 찾아가 삼만 원어치 믿거나 말거나를 사고
쌀 한 말 시주로 자식의 진로를 부처님께 떠맡기고
광고에 홀려 질러버린 옷을 입고 거울 앞에서 후회하고

얼마면 돼
언제까지 맹꽁이처럼
물음에 답을 하려고 달리고만 있을 것인가

얼마면 돼?
라고 물어보는 사람은 큰 손

엄마면 돼

천 마리 종이학을 타고 온 이방인

- 제발 나를 꺼내 주세요
- 이곳은 나와 나뿐이거든요
- 나를 버려도 나뿐인 이름들과 나뿐인 승객들만 하늘을 날죠

- 나만 비추는 거울이 익숙한 풍경
- 나만 태우고 가는 종이학
- 나만 듣는 음악과 책과 시들이 익숙한 공간
- 아무데라도 좋으니 나를 데려가 주세요
- 알아들을 수 없는 언어들이 쓰지 않는 나의 감각을 깨워준다면

- 사랑이라면 더욱 좋겠어요
- 바람이 불면 빨리 달아날 수 있겠죠
- 고삐를 풀어주세요
- 비좁고 어두운 나를 환한 대낮에 말려주세요
- 제발 나를 제대로 볼 수 있게 나 아닌 얼굴들을 데려다 줘요

- 사랑이라면 더욱 좋겠어요
- 속임수라면 마비된 감각에 분노라도 가져다 줄 수 있겠죠

- 사람처럼 가슴이 뛰고, 얼굴이 붉고, 시계를 쳐다보는 낯선 나를 찾아주세요

- 거기 누구 없어요
- 아직도 입이 없는 인형들뿐인가요
- 제발 나와 나뿐인 나의 머리와 가슴과 손발을 이곳에서 꺼내가 주세요

내 고향은 페스티벌

어머니는 해녀이고
아버지에겐 밀감밭이 있어요
높은 산에서 돌을 던지면 바다에 퐁당 빠지고 말죠

나도 따라 농사를 짓고 있었고
바다에서 낚시를 하기도 했죠

서커스와 딴따라가 모여 들어, 축제의 나날
집시까지 모여들어, 365일 축제의 날
나는야, 날라리야
날라리야

불빛에 지쳐
그늘이 없어
밤낮 축제의 나날
조용한 나날이 어색해지려 해요
날마다 불꽃놀이의 나날

나는 붕 붕 뜨는 서커스를 보지만

주머니는 늘 가볍지요
주소를 묻지 마세요
농사지을 땅에선 기도 대신 술과 고기가 익어가죠
바다 속엔 어머니가 살지 않아요
나는야, 날라리야

관광객이 날마다 몰려들어 축제의 나날
서커스를 해야할 것 같은 나는야, 날라리야

별

아이들의 이어폰 속에는
별들로 가득차 있습니다

아무 걱정도 없이
아이들의 귓속을 타고 별들이 흘러갑니다

흥얼거리며 따라 부르는 입에서 별이 새어 나옵니다
이제 아이들의 별을 따라가지 못하는 것은
나의 별과 아이들의 별이 다르기 때문이오
아직 나의 별이 내 가슴에 남아있기 때문입니다

책받침에 별 하나와
브로마이드에 별 하나
공테이프에 별 하나
일기장에 이니셜로 남은 별 하나

쓸쓸한 가을 밤 홀로 집으로 돌아가는 길, 밤하늘에 대고 가만히 별을 세어봅니다. 브룩쉴즈, 소피마르소, 피비케츠, 올리비아 핫세 이런 서양의 여배우들과 장국영, 주윤발, 유덕화의 투유 초콜릿의 주인공들, 서태지, 유열, 이승철, 김완선 그리고 새로 떠오른 김수현, 유아인 이런 어린 새싹들도 불러봅니다. 이들은 멀리 있으나 매일 액정화면과 음원으로 불러올 수 있습니다

하지만, 내 반쪽 당신은 별들보다 더 멀리 계십니다.

모두가 저를 모르지만 저는 오늘도 바라봅니다. 별 것도 아닌 저의 팬심으로 여전히 반짝입니다

엑소가 무엇이 좋은지
계집애들이 학원을 빼먹고 몰려다닙니다

제 언니들은 빅뱅에게 그랬고
제 엄마들은 HOT에게 그랬고
제 할아버지들은 남진에게 그랬던 겁니다

아이들이 자라고
다시 신출내기 아이들이 학원에 찾아와도
밤하늘에 별이 변함없이 뜨는 것처럼
아이들이 침과 뽀뽀에도 별은 살아남을 것입니다

* 윤동주 시인의 〈별 헤는 밤〉을 2015년의 별 헤는 밤으로 바꿔 봄

15소년 표류기

태양이 머리 위로 높게 뜨던 날
우리가 할 수 있는 일이란 어른 흉내뿐

듣기 싫은 잔소리와 교과서를 떠듬떠듬 떠올리며
우리가
처음 할 수 있던 건 우두머리를 뽑는 일

명령과 복종을 기본으로
도토리를 모았고
동굴 밖을 지키는 일
불을 피워 구조요청을 하는 일
식량을 저장하고 날짜를 기록하는 일

잔소리와 불만이 엉켜 싸우고 나면
네 편, 내 편으로 가르는 일과
우는 친구와 등 돌리는 것뿐

어른이 싫어 떠난 우리가 할 수 있는 일이란
어른 흉내를 내는 일뿐

어른들이 찾아와 집으로 데려가 준다면
잔소리에도 고분고분해질 것
교과서 안에서 떠나지 않을 것 입니다
매일기도를 하는 우리는
새장 문이 열려도 날아갈 수 없는 새떼

네버랜드로 떠나온 우리가 할 수 있는 일이란
빨리 어른이 되는 일

할리퀸 문고

모두가 조는 여고시절의 교과서 사이엔
로맨스가 숨어 있었지
그대라는 말,
처음으로 품게 해주었던 할리퀸 문고

청춘이 무리하게 물리던 물리시간과
지루하게 질질 끌려간 지리시간에
눈꺼풀을 들어 올린 그대여,
빛나는 눈빛으로 선생님의 분필을 피하게 해준 그대여,
그때는 뭘 안다고
비슷한 장면만 마르고 닳도록 외웠던가, 할리퀸 문고

쿠키런과 원피스로 떠난 아이들과
해질녘부터 술집에서 정치와 축구에 열 올리는 남편을 제치고
돌아와 준 그대여,
몇 년이 지나 얼핏 클릭한 전자책 속에서
여전히 매력적으로 살고 있는 그대여,
변함없이 허리를 감싸고 입술로 지긋이 눌러주는 그대여,
설렘을 가진 여자로 다시 살아나는 한밤중의 할리퀸 문고

잠 못 드는 밤
아직도 19금 로맨스를 간직한 그대여,
내 모든 이성을 무너뜨려요
내 모든 현실을 잊어버려요
그대의 숨결을 느낄 수 있어, 할리퀸 문고

세일즈맨

30초 안에, 고객님 카드에 휘호를 쓰게 하라

날마다 대단지 아파트 앞에서 기를 한껏 모으고 세 번 절을 한다. 등이 켜진 칸칸 여왕벌의 알들아, 내게로 오라 너희의 학습지는 내가 접수하마. 도서관에서 책을 빌리면 못 써, 전집 상품도 다 팔아줄게 기다려

고객을 시계와 등지게 하고 30초의 화술로 상품을 팔지 않으면 손가락을 목에 물고 내가 죽으리. 죽을 각오로 하루에 10건 한 달 200명의 고객 앞에서 화술의 도공을 펼친다. 전화보다 눈과 귀를 속이는 대면이 최고! 샘플을 공짜로 주는 건 더더욱 최고! 이벤트 상품과 그릇, 이불을 끼워주는 건 아이들을 꼬시는 것보다 진리. 6개월 무이자로 안심시키는 것 잊지 말기.

대단지 아파트를 접수했다면 미련 없이 철새 따라 이동해주는, 과감

실적 그래프를 타고 해외여행을 떠나는 세일즈맨에게 일 년 후는 없다. 오직 한해살이뿐

내 아들아, 전단지는 다 버려라

나잇알콜리필

살이 찌기 시작했어. 술을 마시는 밤이 늘었어. 다들 내 얘기가 특이하고 재밌댔어. 낮에는 말없이 책과 인터넷을 기웃거리지. 짜깁기와 세탁으로 원본보다 더 재미있는 내 말이 생기는 밤을 기다렸어. 술자리는 내 이야기에 취한 듯 했어. 살이 조금 더 쪘어. 술자리에서 사람들이 빠져나가거나 하품을 해. 좀더 자극이 필요했어. 조언과 폭언으로 폭음을 위장했어. 아침마다 사과문자를 보내면 그들이 더 낮춘 사과를 돌려줬어. 살이 조금 더 쪘어. 낮엔 공포로 학생들을 잡으면 엄마들은 잘 가르치는 선생인 줄 알아. 가끔 맛있는 당근과 값비싼 아이템으로 학생들에게 환심을 사고 계속 잡아두지. 살이 조금 더 쪘어. 낮과 밤마다 입속에서 쓰러뜨리고 싶은 적이 늘어나. 이쁜 것들! 날씬한 것들! 잘 나가는 것들! 모두 나의 살찐 모습을 뭐라하는 것 같아. 나의 만담이 짜깁기인 걸 아는 것 같아. 내가 빚더미에 놓인 빛좋은 개살구인 걸 눈치챈 것 같아. 고액 과외 선생인데 신용불량자인 걸 아는 것 같아. 살이 조금 더 찐 것 같아. 이제 누구를 술자리에 끌어다놓고 맑은 눈을 빼버리지?

사토리족

대학 나와 게임과 아이돌 여가수를 컴퓨터 화면에 저장하여 끼고 사는 사내놈이 직장을 갖기는 싫어하고 알바로 하루 근근이 입에 풀칠하며 살면서도 눈은 높아 소개해주는 처녀마다 살이 쪘다는 둥 살이 꼈다는 둥 살맛이 안 날 것 같다면서 번번이 퇴짜를 놓는데, 하나같이 처녀들은 생활력 강하고 순박한 제주 아지망 같은지라 눈이 삐어도 단단히 삐었지 싶지만, 아직 철이 없어 그러겠지 오죽했으면 부모도 거들떠보지 않는 사내놈일까 혀도 차보지만, 버는 족족 술 마시고 핸드폰, 컴퓨터 기계를 바꾸며 사는 사내놈이 머리 벗겨지고, 배가 나온 꼴을 하고도 뻔뻔시럽게 돈 꿔 달라, 빈집 있으면 그냥 살게 해달라고 구걸하러오는 추운 겨울, 사람 하나 살려보겠다고. 사지멀쩡하고 대학물 먹은 저 놈이 정신 차리게 도와줘야겠다고 도와주다보니 뒷담화를 하고 다니네, 배은망덕도 유분수 그게 한 둘 당한 게 아니란 말이지 제주 사람들이 인정 많고 마음씨 좋다는 걸 알고 만드는 흙탕물

롱기누스의 창을 잡고

긴 항해를 마치고 돌아와
서정시를 쓴다

미래로 질주하는 모험시를 타고
좋은 저승과 나쁜 저승에서 만난 영웅들의 서사를 베꼈으나
쓸모없고 비겁한 인간이 아무것도 아닌 자라는 이름으로
여신에게 갇히고
괴물의 눈을 찌르고
위대한 시인들에게 듣는 저승의 노래
가객이 노래에도 굴한 뮤즈는 여전히 서정스럽다

눈 속에 감추고 있는 여자에게
모든 사람의 마음을 알아보는 자가 되었다는 듯이
모험을 건 구애를 했지만
난파된 배를 고치고 항해를 거듭했지만
고향에는 몇 해가 지나도 서정시를 쓰는 항해사만 기다릴 뿐
이다

모험을 두려워하는 고향 사람들에게 겁을 주었으나

창을 잡고 돌아온
왕의 귀환이라며 서정시는 축제 분위기다

서정의 시대에는 신화도 모험도 긴 항해를 마치고 나면
서정적으로 저승에 간다

화려한빈소에배를끌어올려축제를하는창밖은박물관처럼죽은듯하다

사쿠라 여인숙

입안에서 커지고 단단해지는 맛
젤리 같거나 날개를 가지기 전의 흰자 같은 맛
분홍의 감칠맛 쪽으로
혓바늘이 돋는다

예민한 입술과 입술의 대화
애무만으로 나누는 솔직한 대담
젖물이 목을 타고 내려오면, 눈물
겨워 독립인간이 될 수 있으니까

사막이거나 얼음이었거나 내가 핀다
고목 곁에서도
가로등 그늘에서
차 안에서
화장실에서
겨를 없이 꽃으로 터진다

내가 꽃이라서
꽃이 되는 입술로 대화를 하고 있는 순간이란

말랑말랑한 당신이 보채는 밤,
단단해진 밀어로 치고받는 깊은 맛에 닿으면
식물이었던 당신이 비로소 퇴화된 홀씨 하나로 남아
내 자궁 속의 수컷이라는 날개

첫사랑인 양 이미 쓰러져버린 칼잡이거나
꽃을 위해 할복을 기다리는 눈 먼 사무라이여

참지못한 수컷의 발열이 분홍을 밀어내면
구멍마다 소문이 피어난다
봄날의 입맛이 다시 돌아왔으니 내가 핀다
내 자궁을 엿본 자의 목을 벨 시간이다

테트리스 증후군

집 나갈 때 뒤돌아서서 가스 밸브랑 콘센트 확인해
차에서 내릴 땐 방석이 따라 내렸나 다시 돌아 봐
신발장엔 신발이 가지런해야 하고
책상엔 볼펜과 책이 제자리에 일자로 놓여야 해
식탁 위엔 먹다 남은 음식이 있어선 곤란해
싱크대엔 밀린 설거지 따윈 없는 거야

당신의 슈트에 떨어진 머리카락을 떼어주곤 하지
당신의 등과 어깨에 묻은 비듬도 털어줄게요
당신과 자고난 침대의 시트도 정리하고 나올 거예요
수채구멍 위에 제 머리카락은 없을 거예요
당신의 정액이 제 난자를 괴롭히는 일 또한 없을 거예요
당신의 문자와 당신의 밀어와 당신의 열애는 날마다 삭제될 겁니다

집에 들어오면 비밀의 방을 열고 비밀의 서랍과 비밀의 옷을 입고 나를 지워요. 어제의 나, 내일의 나는 아무도 예측할 수 없어요. 매일매일 새롭게 시작하는 나를 위해 모두 제자리에 있어줘요. 헝클어지면 나는 버림받을 거예요 헝클어지면 당신을 불

평할 거예요 헝클어지면 나는 나를 혐오할 거예요. 뒤죽박죽 흩어진 나의 파편이 나를 미치게 만들어요

어때요, 오늘 나랑 연애나 할까요
띠리리띠리띠리 뿜뿜

V

자

머릿속에 물이 꽉 찬 첫 번째 며느리가 들어왔다. 눈이 많이 내리는 산골의 얼음장을 깨며 살던 소심과 눈칫밥을 잊지 않은 호기심으로 밤마다 소주를 몰래몰래 들이켰다. 혼자 밥을 먹고 혼자 술 마시는 일이 아들과 공통점이었으나 안팎으로 분리되어 성장했다. 며느리는 술을 마시면 불같이 폭발하는 성질이 있다했다

근검절약하던 며늘아가야, 돈이 새는 까닭이 무엇이냐? 단골 손님 하나가 술김에 말을 타고 달려오더니 에잇, 여자를 멀리하려는 주인을 데려왔다며 말의 목을 치더라니까요. 치맛자락을 잡을 때는 언제이고 단칼에 문지방 출입을 끊는단 말이오, 손님이 제 말을 친 후 폐업인 거죠. 저는 절에나 들어갈까 봐요.

아들아, 돼지 멱따는 소리로 울지만 말고 며느리를 좀 붙잡아 다오. 집 나가면 고생이다. 엄동설한에 어딜 간단 말이냐 자존심이 센 며느리 대신 울지만 말고 봄날의 바다를 만들어 아이를 길러 보렴

조용한 며느리야, 술은 그만 마시거라, 입에서 항문으로 음식

을 밀어내는 인간이 되어야지. 술만 마시면 똥물이 역류하는 입을 가지면 세상살이가 힘들어지잖니. 원래 옆집 새신랑이 더 좋아 보이는 법이란다. 집안에 내 아들을 데리고 들어가 함께 밥을 먹으렴. 미우나 고우나 신랑을 끼고 살아야 한단다. 옆집 새신랑보다 더 빛나는 새신랑이 말을 몰고 올 것이야

축

당신과 키스를 할 때면 나는 지도를 그리네

지도를 보여 달라고 사랑이 찾아온다면 재능보다 덕을 먼저 보고, 혼자 먹고 자는 집보다 방을 여럿 둔 여관방을 짓네. 함께 가는 길을 먼저 그리고 나서 혼자 조용히 눈물짓는 소롯길을 내어두네. 셈은 정확하니 주고받는 날짜며 경비의 걱정은 하지 말게. 흔들지 말게 우파와 좌파를 논하거나 편향을 바라지 말게. 말짱 도루묵처럼 웃으며 다시 만나는 것은 사람을, 그저 사람을 보고자할 따름인 게야. 위험만 피하고 다니는 겁쟁이라고 말한다지, 감정이 솔직하지 못하다거나 남들에게도 공평하게 웃음 자리 내어준다고 나를 독점하려 말게. 특별히 사랑하는 나무들이 심어진 울창한 숲을 먼저 그리는 중일세.

강아지와 볼을 비비고 쓰다듬으며 혼자 노는 아이를 나라고 해두게. 비 오는 날 비를 맞고 좋아라 깡총거리는 소녀를 나라고 해두게, 눈 오는 새벽까지 춤추며 노래하는 취객을 나라고 해두게. 함박눈 속에 날리는 매화꽃을 보며 지음을 기다리는 나를 고요한 거울이라고 해두게.

사랑에 약하고 이별이 두려워 겁쟁이처럼 숨은 나라고, 비겁한 나라고 숯이 타는 불가마 여럿 없겠는가, 발설하지 않는 내 사랑의 사람들이여, 내게 왔던 길을 기억하시는가, 도로 가시는가. 마음만 먹으면 축지법을 써서라도 가슴팍을 뚫는 도굴범이 되고 싶었던 나라고.

나의 땅은 단맛이 나는 길을 밟고 오면 되네, 여럿 방 속에 사랑했던 당신네를 차곡차곡 개켜놓았으니 문을 열고 쉬고 싶을 땐 언제라도 오면 되네. 비밀번호는 별이 술잔이 떨어지던 횟수이거나 두사람의 무게로 돌담 무너지던 밤이거나 아린 일기장 페이지 쪽수, 당신이 불러주던 십팔번이면 되네.

사랑을 할 때
당신은 내 마음의 사람이 누군지를 묻고
나는 당신과 살고 싶은 섬의 지도를 먼저 생각한다네

인

소를 훔치러 온 호랑이가
곶감에 놀라 달아나다가 소에 코가 꿰어 산다는 온달 1974 번지
누렁이 소를 부인이라고 믿지만
수마트라왕실 소를 닮아 가는 곳마다 인사말씀

새벽 3시부터 5시까지 나무로 변신한다는 호랑이가
저녁 9시부터 오전 5시까지 취침 중인 것은
강한 불을 뿜는 소의 주입식 내조를 받고 있지만
사랑과 정열을 소의 뿔에게 바친
일보 후퇴의 낮춤

낙천적인 낚시 취미와 고스톱에 빠져 친구들과 놀던 총각 시절의 야행성을 잃은 호랑이가
초등 불알모임과 고교 짤짤이 모임에 마누라와 자식들 거느리고 가는 가장의 유니폼
하나로 산다는 것이 곶감이라는 것을 알고 있다는 소의 지략
오해와 다툼을 피해 평화적 우호로 호랑이를 가장 먼저 챙긴다는

온달가의 가훈

호랑이가 탄다
무소의 뿔이 번진다
온달 1974번지에서 불붙은 사랑이
온달가의 호랑이 이빨자국 따라
폼 나는 가장의 이름으로 새겨져 있다

묘

이름을 얻기 위해 불에 뛰어든 나무를 알고 있다

맹독의 불길에 절명한 눈으로
감히
불을 춤추게 하고
도화꽃 만발한 시어로 봄바람을 거느려 놓고
허술한 양다리 기술을 함부로 쓰다니
구름을 부리는 손오공 같은 불에게
심지에 불 밝힌 질투의 화를 키우게 하다니

불에게 이름을 얻어 쓰면서 젊어지는 나무를 알고 있다
생은 쉽게 살아버리는 것이라고
비우며 울창해지는 녹음 따라
팽팽한 열애를 담은 불길은 꺼졌다가 타올랐다
함께 물에 발을 담근 나무는 흙을 알아야 했다
흙을 토기로 만들어 버리는 불을 알아야 했다
도끼도 녹이는 불 근처엔 얼씬하지 말아야 했다

사랑의 불씨가 시작된 꿈에서

태양과 강물은 수평을 이루며 다시 고요한 그림 속의 종이를 어루만지고 있다
이름을 얻어 쓴 나무는 활활 타올랐다

진

주파수가 손가락으로부터 나온다
손가락이 짝짓기를 명령한다
손가락이 나를 찾아낸다
손가락이 Ctrl+c를 누른다
나를 복사한 나를 채운다
손가락이 Ctrl+v를 누른다
나를 채운 나에게 붙여놓는다
댓글과 댓글로만 만나달라고 했다
나를 찾아온 손가락이 눈물을 흘린다
나의 생각을 찾기 위해
나의 가슴을 발견하기 위해
손가락이 봄빛처럼 번진다
손가락 끝으로 사랑이 번진다
모험이 없는 손가락은 나의 낭만이 아니다
밥벌이를 위한 손가락의 절제는 나의 삶이 아니다
손가락이 멈추지 않는 파란을 사랑한다
키보드를 떠난 나는 뇌가 없다
가슴이 없다
나의 실체를 보러 오지 마라

실체란 얼마나 우스꽝스러운 번역의 오류란 말인가
오, 키보드를 다오
오, 키보드 속의 나를 만나고 싶다
손가락의 애무만 기다리는 나를 보여줘

나는 손끝에 달려있다

사

사랑을 아는 게지
하나를 가지려면 모두에게 놓아줘야 한다는 걸

혼자보기 쑥스러운지
여럿이 노는 자리마다 나를 데리고 다녔다
벚꽃 피는 봄날은 벚꽃 나리는 길을 보여주었고
울울창창한 여름날의 밤에는 바닷가를 쏘다니며 휘파람으로
별을 불러주었다
혼자만 닳은 신발을 신고 있던 가을과 겨울
오빠는 어디에서 사랑을 하고 돌아왔는지
어디에 허물 벗은 듯 사랑을 묻고 왔는지
누이야

누이야
사랑을 아는 게 중요하지
사랑을 가지려면 놓아주어야 한단다
등 뒤에서 배우는 오빠의 사랑법

사랑이란 종교를 가진 오빠
주고만 싶어 안달난 오빠는
사랑 앞에선 쑥맥처럼 안달난 오빠는
한 번도 내게 사랑한다고 말하지 않았으면서
온몸으로 사랑을 느끼게 해주느라
밖으로만 나가 사랑하고이별하고 사랑하고이별하고 사랑하고이별해도
사랑으로 받아만 주는 쑥맥처럼
나를 종교처럼 떠받드는 신도처럼

오빠가 나를 사랑하는지는 중요하지 않게 되었다
오빠가 천 년 묵은 이무기라는 사실은 그리 중요하지 않았다

오

커뮤니케이션 능력이 뛰어나며
주변상황을 잘 정리하고 지적해서
남에게 정보를 제공하는 영리한 사람이며 이지적이다.
명랑하고 유쾌한 듯 보이나 대신 시니컬한 면으로 따뜻한 사람으로 보이지 않는
단점이 있다.
변화와 새로운 소재에 호기심이 많고
알고 싶은 것이 많기 때문에 주변에 있으면 재밌는 대화로 매력을 끄는 타입이다.
사람과 사람을 이어주는 중개인의 능력도 뛰어나다.
새로운 것과 신기한 것을 접하는데
거부감이 없으므로 발 빠르게 변하는 것도 잘 대처해 나간다.
취미도 많고 관심분야도 많기 때문에
다른 사람에 비해 잡다하게 금전이 새나가는 것을 조심하자

행운의 장소
박물관, 전시회, 커뮤니티 등 많은 정보와 지식을 주는 곳

검색창: 말띠 남자들도 그럴까?

미

아들만 있는 내 인생도 괜찮아
아들은 양의 탈을 쓴 여우처럼 앙탈쟁이
엄마와 아빠 사이를 가르고 잠을 자는 아들
꿈결에도 멈추지 않는 귓불을 만져주는 스킨십
수다는 떨지 않고 가슴 한 번 울리고 가는 시인의 입술
친구들을 부르는 부드러운 눈
숯이 된 여학생을 말없이 잡아주고 보내버리는 아쉬운 손
곶자왈 바람, 오름 위의 공기처럼 좋은 소리만 찾아내는 천리 귀

옆집 아들을 늑대로 만드는 질투의 화신
방학에도 일찍 일어나 목욕재개하고 숙제하는 바른생활 사감
돈을 돌같이 보고 통장을 채우는 절약의 달인
엄마의 낭비와 유흥과 밤 외출에 태클을 거는 검열자
냥코와 닌자와 마블시리즈로 대화법을 고수하는 집요학파
아무거나 대충이거나 같은 메뉴로 밥상을 차려도 맛있게 먹어주는 초긍정 멘토

나는 아들에게 미美를 배웠다

신

나의 그림자였다고 소리쳐 줘!

패러디의 귀재처럼 너의 사랑은 낯설지 않았어
핥고 할퀴는 사랑의 반복이 너에게는 낯설지 않았어
늘 사람 소리를 쬐야 안심하는 너의 모습이 낯설지 않았어
스마트폰보다 더 빠른 정보를 떠들어대던
내가 미쳐가는 너라는 세계

펜촉을 닮아 말끝의 쓰린 대화
단절
떨어져나가는 대화
인정
머리 없는 독설
타협
할 줄 모르는 다른 각도
시각
오직 자기중심적인 사고

이봐요

빛의 그림자씨
말해봐요
시인의 하이드씨
흉내쟁이 손오공씨
시인을 패러디할 수 없어 시사를 말하는 낯선 세계의 그림자
잘난 척하는 세계를 닮은 여의봉만 휘두르지요

돌산에 갇혀 서유기를 읽고 이말년처럼 웃던 사랑의 시를 버리는 중입니다
이 시대의 손오공 씨와 헤어지는 중입니다

유

당신은 파티를 좋아하죠, 노래는 가수 빰치는 실력을 가졌죠. 손이 커서 음식은 이것저것 준비를 하고 뚝딱뚝딱 열심히 만들어내죠. 지치지도 않은지 자꾸만 이야기를 하고 있죠. 부지런함은 또 어떤가요, 바다 속에서 잡아온 소라와 성게를 손질하고 전화를 걸어오죠, 쪽파와 마늘, 양파를 파종하면 전화를 걸어오죠, 자리젓, 꿩엿이 곰삭아 맛이 들면 전화를 걸어오죠. 전화를 걸기 위해 바쁜 당신의 한해는 다르지 않게 흘러가죠. 당신은 파티를 좋아하죠. 제사와 명절을 위해 사는 냉동고와 항아리가 당신의 자랑이죠. 며느리는 파티를 싫어하죠. 그런 며느리를 위해 며느리가 되어 바쁜 당신은 제사와 명절에도 바쁘죠. 날름 닭을 잡기도 하지요. 성큼 바다 속의 문어와 전복을 찾아내죠. 음큼 항아리 속의 간장을 달이죠. 죽어지겠네, 죽어지겠네, 팔다리 문지르면서도 파티를 생각하죠. 며느리보다 청춘인 당신은 처녀자리, 죽음보다 탄생에 가까운 당신의 인심은 가을의 추수. 당신은 파티를 좋아하죠. 당신이 부르는 노래 솜씨는 배고픈 모성을 불러요. 팔순의 당신은 며느리보다 젊은 밥 공양의 파티를 좋아해요. 어머니라는 욕망의 파티가 열리죠.

술

그와 만날 때면 존댓말을 구사해야 했고
짝퉁과는 거리가 먼 그의 눈높이로 진품을 갖춰야 했다
문자는 정중하고 길게 써야 했다
그가 풍경이 아름다운 커피숍에 나를 안내했다
그가 숨은 맛집을 발견해 내게 음식을 먹여줬다
그가 진귀한 향료를 내게 맡아보라며 이국을 다녀온 여행지를 상상하게 했다
그가 명화라며 추천한 그림이 그랬고
그가 명음반이라며 틀어준 음악도 그렇고
그가 사교 모임에 불러들인 유명인들도 그렇게
넥타이를 맨 젠틀이었다

야한 시를 쓰긴 했어도
나와 오일장 순대국에 막걸리를 마시고
츄리닝과 쓰레빠를 질질 끌고 찾아가도 사랑해주는 오빠들과는
다르다면 좀 달라서
오빠라는 호칭을 쓸 수 없어서
선생님이라 불렀다

나는 한 번도 벌거벗은 선생님을 생각해 본 적이 없었으므로
사랑을 해도 선생님은 선생님이었다

해

내 사주가 관우이거나 삼장법사가 아니라
장비나 저팔계일 땐 보살을 내려다 보았다

즉흥적인 행동파이고 욱하면 물불 안 가리는 성격
사람을 좋아하는 명랑하고 솔직한 성격
물질과 형식적인 것보다 마음을 진솔하게 표현할 때 상대에게 훅 가버리는 성격
내 모든 것에 너무 침범하는 걸 싫어하고
고집스런 추진력에 에너지를 모으는 성격
열열이 좋아하는 게 티가 나는 성격
남에게 뺏길까봐
내 사랑을 몰라 줄까봐
울적한 당신을 만나서
나는 관우이거나 삼장법사가 되었다

어리둥절한 세상에 서 있는 내게
장비이거나 저팔계이면 어때

솔직하고 단순하게 사랑을 말하는 네가 왔잖아

먼저 용서하고 감사할 줄 아는 네가 왔잖아
혼자보다 함께 밥을 먹을 줄 아는 네가 왔잖아
'아니오' 보다 '그래 그래' 를 사용할 줄 아는 네가
가난하지만 순정한 네가 지금이라도 왔으니
내 사랑이 장비이거나 저팔계이면 어때

캣우먼

저는 발정기가 심해요
봄꽃을 피워야 하니까요
저를 가둬두시려면 콧구멍에 바람 들도록 창문은 열어두세요
왔다갔다 안절부절 못하는 것은 꽃바람이 불어서 그래요
다시 돌아올 테니 큰소리로 울어도, 밤마다 사라져도
그냥 저를 내버려 두세요
사랑의 털갈이가 필요해요

빈집에 혼자 두지 말아요
당신을 그리워하다가 속 터져 죽어요
발톱을 세우면 당분이 있는 음식으로 진정시켜 주세요
당신을 괴롭히는 일 따윈 없을 테니까요
호랑이처럼 수영을 즐기기도 하고
사자처럼 갈기를 세우고 옆집 여자들과 싸우기도 하지만
발톱관리를 잘 하는 편이죠
에취~
당신의 감정 센서에 민감해요.

하늘은 높고 맛있는 것이 많은 가을,

저의 두 번째 발정기도 심해요
아름다움의 비결이겠죠

겨울엔 저를 불러내지 마세요
저는 부뚜막에 웅크려 자고 있을 거예요
봄날의 발정기를 위해 발톱을 다듬거나 균형 잡힌 꼬리를 만지고 있을 거예요

어둠속에서도 일을 잘 하고 계시는지
열두 마리의 동물을 감시하러 가볼까요

시인이라 불리는 사람

제주에 샤먼이 많다 해도
우리 집에는 없다고 했다
한라산신의 기운을 받고 일만 팔천의 신들이 좌정해 있어 제주 도처에 당이 많다지만
우리 집은 미신을 믿는 집이 아니라고 했다
우리 집은 양반집이라 점집을 찾아가는 일은 없다고 했다

우리 집에 샤먼이 없다고 해도
영등철에는 영등 할망의 몫으로 소라껍질 속에 진한 소금물을 넣고 메주를 조금 떼어내어 넣은 다음 장독대 옆에 바친다
손 없는 날 변소를 고치고
상가집 갔다 와서는 소금세례를 받는다

일본으로 물질하러 간 할머니는 있어도 세 번이나 팔자 그르쳐 심방이 된 할머니가 없는 족보는 서운하다
세 살부터 천자문을 거꾸로 외웠다는 할아버지는 있어도 불칸땅에 명당자리를 잡아준 할아버지는 없다는 게 슬프다
이순부터 제사와 점집을 혐오하며 사이비 종교에 빠졌던
큰형님은 지천명에 들어 무사히 제주도로 귀향할 수 있었다

양 어깨 손끝 발끝 죄다 몰려온 귀신들과 농담 따먹듯
작두 타는 금기를 지닌 나는 시를 받아 쓴다

눈앞에 해신당 여자 귀신들이
나를 천장까지 들어 올려 줄넘기하듯 간질이며
시 한 편 주었지
양씨 집안 묘자리에 들어가 오줌발 날렸다고
이 백년 묵은 변론을 시로 풀어 주었지
열 편씩 써대는 시마들에게 손가락을 내준 빙의된 하루는
구미호가 되는 시를 썼지

내게 신은 어떻게 왔는가
시를 쓸 때마다 일용할 양식을 주던 신의 꼬임에 빠져 쓰기
시작할 때부터일까
아이들이 시를 쓰면 용돈을 주는 하루
애인이 내게 시 한 편 써 줄 때마다 잠자리를 내주던 밤낮
아이들도 시를 쓰고 있고
애인들도 시를 쓰고 있다
우리 집엔 샤먼은 없지만

시 쓰는 딸년 하나 별로 자랑거리가 되지 않는 양반집 가문이다

말 좋은 심방들이 미여지 벵듸를 건너와 소곤거리는 새벽
천년만년 나를 알고 있는 사람들도 시를 쓰겠지만
샤먼이 많은 제주도에서 시인은 자랑이 아니라 한다
천기누설을 업으로 삼는 시인은 자랑거리도 아니라 한다